中国古代外交

王 俊 编著

中国商业出版社

图书在版编目（CIP）数据

中国古代外交 / 王俊编著. -- 北京：中国商业出版社，2016.12
ISBN 978-7-5044-9682-9

Ⅰ.①中… Ⅱ.①王… Ⅲ.①外交史 - 中国 - 古代 Ⅳ.① D829

中国版本图书馆 CIP 数据核字 (2017) 第 001876 号

责任编辑：常　松

中国商业出版社出版发行
010-63180647　www.c-cbook.com
（100053 北京广安门内报国寺 1 号）
新华书店经销
三河市同力彩印有限公司
*
710×1000 毫米　16 开　15 印张　223 千字
2017 年 9 月第 1 版　2017 年 9 月第 1 次印刷
定价：45.00 元
* * * *
（如有印装质量问题可更换）

《中国传统民俗文化》编委

主　编	傅璇琮	著名学者，原国务院古籍整理出版规划小组秘书长，清华大学古典文献研究中心主任教授，原中华书局总编辑
顾　问	蔡尚思	著名历史学家，中国思想史研究专家
	卢燕新	南开大学文学院副教授
	王永波	四川省社会科学院文学研究所副研究员
	叶　舟	中国思维科学研究院院长，清华大学、北京大学特聘教授
	于春芳	北京第二外国语学院教授
	杨玲玲	西班牙文化大学文化与教育学博士
编　委	陈鑫海	首都师范大学中文系博士
	李　敏	北京语言大学古汉语古代文学博士
	赵　芳	出版社高级编辑，曾编辑出版过多部文化类图书
	韩　霞	山东教育基金会理事，作家
	陈　娇	山东大学哲学系讲师
	吴军辉	河北大学历史系讲师
	石雨祺	出版社高级编辑，曾编辑出版过多部历史类图书
	王　欣	全国特级教师

策划及副主编　王　俊

序 言

中国是举世闻名的文明古国，在漫长的历史发展过程中，勤劳智慧的中国人，创造了丰富多彩、绚丽多姿的文化，可以说人创造了文化，文化创造了人，这些经过锤炼和沉淀的古代传统文化，凝聚着华夏各族人民的性格、精神、智慧，是中华民族相互认同的标志和纽带。在人类文化的百花园中摇曳生姿，展现着自己独特的风采，对人类文化的多样性发展作出了巨大贡献。中国传统民俗文化内容广博，风格独特，深深地吸引着世界人民的眼光。

正因如此，我们必须深入学习贯彻十八届三中全会精神，按照中央的规定，加强文化建设。2006年5月，时任浙江省委书记的习近平同志就已提出："文化通过传承为社会进步发挥基础作用，文化会促进或制约经济乃至整个社会的发展。"又说："文化的力量最终可以转化为物质的力量，文化的软实力最终可以转化为经济的硬实力。"（《浙江文化研究工程成果文库总序》）今年他去山东考察时，又再次强调：中华民族伟大复兴，需要以中华文化发展繁荣为条件。

学习习近平同志的重要讲话，确可体会到，在政治、经济、军事、社会和自然要素之中，文化是协调各个要素协同发展、相关耦合的关健。正因为此，我们应该对华夏民族文化进行广阔、全面的检视。我们应该唤醒我们民族的集体记忆，复兴我们民族的伟大精神，发展和繁荣中华民族的优秀文化，为我们民族在强国之路上阔步前行创设先决条件。

实现民族文化的复兴，更必须传承中华文化的优秀传统。现代中国人，特别是年轻人，对传统文化十分感兴趣，蕴含感情。但当下也有人对具体典籍、历史事实不甚了解，比如说，中国是书法大国，谈起书法，有些人或许只知道些书法大家如王羲之、柳公权等等的名字，知道《兰亭集序》是千古书法珍品，仅此而已。再比如说，我们都知道中国是闻名于世的瓷器大国，中国的瓷器令西方人叹为观止，中国也因此而获得了"瓷器之国"（英语 china 的另一义即为瓷器）的美誉。然而关于瓷器的由来、形制的演变、纹饰的演化、烧制等等瓷器文化的内涵，就知之甚少了。中国还是武术大国，然而国人的武术知识，或许更多地来源于一部部精彩的武侠影视作品，对于真正的武术文化，我们也难以窥其堂奥了。我们还是崇尚玉文化的国度，我们的祖先，发现了这种"温润而有光泽的美石"，并赋予了这种冰冷的自然物以鲜活的生命力和文化性格，例如"君子当温润如玉"，女子应"冰清玉洁"、"守身如玉"；"玉有五德"，即"仁"、"义"、"智"、"勇"、"洁"，等等。今天，熟悉这些玉文化的内涵的国人，也为数不多了。

也许正有鉴于此，有忧于此，近年来，已有不少有志之士，开始了复兴中国传统文化的努力，读经热开始风靡海峡两岸，不少孩童乃至成人，开始重拾经典，在故纸旧书中品味古人的智慧，发现古文化历久弥新的魅力。电视讲坛里一波又一波对古文化的讲述，也吸引着数以万计的人们，重新审视古文化的价值。现在放在读者眼前的这套"中国传统民俗文化丛书"，也是这一努力的又一体现。我们现在确应注重研究成果的学术价值和应用价值，充分发挥其认识世界、传承文化、创新理论、咨政育人的重要作用。

中国的传统文化内容博大，体系庞杂，该如何下手，如何呈现？这套丛书处理得可谓系统性强，别具心思。编者分别按物质文化、制度文化、精神文化等方面来分门别类地进行组织编写，例如在物质文化的层面，就有中国古代纺织、中国古代酒具、中国古代农具、中国古代青铜器、中国古代钱币、中国古代石刻、中国古代木雕、中国古代建筑、中国古代砖瓦、中国古代玉器、中国古代陶器、中国古代漆器、中国古代桥梁等等。

在精神文化的层面，就有中国古代书法、中国古代绘画、中国古代音乐、中国古代艺术、中国古代篆刻、中国古代家训、中国古代戏曲、中国古代版画等等；在制度文化的层面，就有中国古代科举、中国古代官制、中国古代教育、中国古代军队、中国古代法律等等。

此外，在历史的发展长河中，中国各行各业还涌现出一大批杰出的人物，至今闪耀着夺目的光辉，启迪后人，示范来者，对此，这套丛书也给予了应有的重视，中国古代名将、中国古代名相、中国古代名帝、中国古代文人、中国古代高僧等等，就是这方面的体现。

生活在21世纪的我们，或许对古人的生活颇感好奇，他们的吃穿住用如何？他们如何过节？如何安排婚丧嫁娶？如何交通？孩子如何玩耍？等等。这些饶有兴趣的内容，这套中国传统民俗文化丛书，都有所涉猎，例如中国古代婚姻、中国古代丧葬、中国古代节日、中国古代风俗、中国古代礼仪、中国古代饮食、中国古代交通、中国古代家具、中国古代玩具、中国古代鞋帽等等，这些书籍介绍的，都是人们深感兴趣，平时却无从知晓的内容。

在经济生活的层面，这套丛书安排了中国古代农业、中国古代纺织、中国古代经济、中国古代贸易、中国古代水利、中国古代车马、中国古代赋税等等内容，足以勾勒出古人经济生活的主要内容，让今人得以窥见自己祖先曾经的经济生活情状。

在物质遗存方面，这套丛书则选择了中国古镇、中国古楼、中国古寺、中国古陵墓、中国古塔、中国古战场、中国古村落、中国古街、中国古代宫殿、中国古代城墙、中国古关等内容。相信读罢这些书，喜欢中国古代物质遗存的读者，已经能大致掌握这一领域的大多数知识了。

除了上述内容外，其实还有很多难以归类却饶有兴趣的内容，例如中国古代的乞丐这样的社会史内容，也许有助于我们深入了解这些古代社会底层民众的真实生活情状，走出武侠小说家们加诸他们身上的虚幻不实的丐帮色彩，还原他们的本来面目，加深我们对历史真实的了解。继承和发扬中华民族几千年创造的优秀文化和民族精神是我们责无旁贷的历史责任。

不难看出，单就内容所涵盖的范围广度来说，有物质遗产，有非物质遗产，还有国粹。这套丛书无疑当得起"中国传统文化的百科全书"的美誉了。这套书还邀约了大批相关的专家、教授参与并指导了稿件的编写工作。

应当指出的是，这套书在写作中，既钩稽、爬梳大量古代文化文献典籍，又参照近人与今人的研究成果，将宏观把握与微观考察相结合。在论述、阐释中，既注意重点突出，又着重于论证层次清晰，从多角度、多层面对文化现象与发展加以考察。这套丛书的出版，有助于我们走进古人的世界，了解他们的美好生活，去回望我们来时的路。学史使人明智。历史的回眸，有助于我们汲取古人的智慧，借历史的明灯，照亮未来的路，为我们中华民族的伟大崛起添砖加瓦。

是为序。

傅璇琮

2014年2月8日

前 言

从国家产生之后，就有了国与国之间的关系和交往，从而有了外交。正如国家是在不断发展变化中的，外交也是在不断发展变化中的。古代国家与近现代国家有所不同，古代外交与近现代外交也是有所不同的。

中国古代外交是不同国家之间关系的和平交往方式和手段，与战争方式和手段共同构成国家对于外部关系的两方面。历史上相互和平交往的时间一般都要超过相互战争的时间，不仅国家统一时期是这样，分裂时期一般来说也是这样，故外交在古代国家发展史上占有重要的地位和作用。

历史上任何一个国家的存在都不可能是孤立的、与世隔绝的，它必然要和其他国家和民族发生接触和交往。随着历史的发展，社会的进步，各国之间的接触和交往越来越扩大，越来越频繁，在这种频繁的交往过程中，各国人民相互学习，取长补短，从而促进了各自经济和文化的发展。研究中外关系史，就是要把中国放在世界历史中来考察，从世界历史的角度，探讨中国与世界各民族之间的关系，通过中国对世界历史的贡献和世界各民族对中国的影响，证明中国在世界历史上具有重要的地位和作用。

中国同周边国家的关系可以追溯到上古时期，随着奴隶制的出现，建立了国家,中国古代对外关系进入了萌生时期。秦汉时期,随着封建制度的确立,生产力获得进一步发展,逐渐繁荣起来的社会经济和文化为扩大对外交往提供了必要的基础条件,统一的封建中央集权政治的确立,为对外交往提供了可靠的政治和军事保证。隋唐五代时期是中外关系史上的一个重要变化阶段,这种变化的最明显特征是唐代在西域军事失利后,传统的陆路交通受到阻隔,而唐中叶以后,海上对外交通日渐突出,最多时与唐交好通使的达70多个地区和国家。宋辽金时期,国内各区域性王朝出现,在对外关系上表现出发展不平衡的状态。宋与辽、夏、金时战时和,丝绸之路时断时续,对外交往主要在东南海路进行,其时与中国通商的亚非国家仍有50余个。至元朝,由于蒙古人的不断远征,疆域庞大,横穿欧亚大陆的陆路交通更加畅通无阻,中国与外部世界的联系更紧密,中外经济文化交流极其繁荣。明初,虽然因"海疆不靖""明祖定制,片板不许下海",禁止私人对外交往,但是永乐时期派郑和于1405～1433年间七下西洋,与亚洲各国以及非洲东岸诸国的官方往来则又进一步扩大了中国的影响。直至明中期以后,以及鸦片战争以前的三四百年间,中国社会的发展进步落后于西欧各国,中国封建统治阶级对外部世界的态度由开放交往趋向闭关保守。

从上面可以看出,中国古代对外关系史的范围广阔,涉及欧、亚、非、美各大洲,内容丰富,既涉及经济和政治,又涉及科学和文化,学习与了解中国古代对外关系史具有一定的现实意义,总结一些带规律性的经验和教训,对于启示我们更好地借鉴和吸收外国的先进事物、科学技术,保持和发扬民族文化的优秀传统,通过反思,有鉴别地批判民族文化中的糟粕,加强我国人民与世界各族人民的友好交往,为世界人民的和睦团结作出贡献,都有十分重要的意义。

目 录

第一章 先秦时期的外交

第一节 先秦时期中外关系的萌生…………………………002
- 远古的"外交"一词的出现 …………………………002
- 大禹时期的外交活动 …………………………………003
- 西周时期与域外的文化交流 …………………………005

第二节 先秦时期的外交管理制度…………………………007
- 夏、商时期外事制度 …………………………………007
- 周朝的外交礼制 ………………………………………008

第三节 先秦时期的著名外交家……………………………011
- 齐国宰相管仲 …………………………………………011
- 巧辩大师晏子 …………………………………………014

第二章 秦汉魏晋时期的外交

第一节 秦汉魏晋时期外交概况……………………………020

秦汉时期对外贸易的发展 ……………………………… 020
　　丝绸之路的路线 ………………………………………… 021
　　魏晋民族大融合的出现 ………………………………… 026

第二节　秦汉魏晋时期与各国的交往 …………………… 029
　　与中亚、西亚诸国的交往 ……………………………… 029
　　与朝鲜半岛的交往 ……………………………………… 032
　　与日本列岛的交往 ……………………………………… 034
　　与东南亚各国的交流 …………………………………… 035

第三节　秦汉魏晋时期的外交管理制度 ………………… 038
　　秦朝的外交制度 ………………………………………… 038
　　汉朝的外交制度和外交机关 …………………………… 039
　　魏晋南北朝的外事体制 ………………………………… 043

第四节　秦汉魏晋时期的著名外交家 …………………… 046
　　郦食其使齐受烹 ………………………………………… 046
　　张骞脱身通西域 ………………………………………… 048
　　班超出使西域 …………………………………………… 050
　　李顺出使受贿 …………………………………………… 056

第三章　隋唐五代时期的外交

第一节　隋唐五代繁荣的中外交流 ……………………… 062
　　丝绸商品出口 …………………………………………… 062
　　瓷器文明传到国外 ……………………………………… 064
　　伊斯兰教传入中国 ……………………………………… 067

第二节　隋唐五代的对外关系……070

隋与突厥的交往 ……070
隋与西域及吐谷浑的交往 ……073
隋与南方诸国的交往 ……075
唐对突厥铁勒的平定 ……078
唐对西域、西南诸国的用兵 ……085

第三节　隋唐五代时期的外交管理制度……092

隋朝的外交机关 ……092
唐朝的宗藩制度与外交机构 ……094

第四节　隋唐五代时期的著名外交家……099

追求佛法的唐三藏 ……099
名扬域外的鉴真 ……101
出使难归的韩延徽 ……104

第四章　宋元时期的外交

第一节　宋元时期与各国的关系……108

宋朝的外交格局的变化 ……108
宋与高丽、日本的关系 ……110
宋与东南亚诸国的交往 ……112
宋与南亚和西亚国家的关系 ……115
元与高丽、日本的政治关系 ……117
元与南海诸国的通使和战争 ……119

第二节　宋元时期的外交管理制度……123

两宋时期的外事制度 …………………………………… 123
　　元朝的外交职官制度 …………………………………… 127

第三节　宋元时期的著名外交家 ……………………………… 131
　　据理力争的富弼 ………………………………………… 131
　　刀丛斥敌的沈括 ………………………………………… 139
　　放雁寄书的郝经 ………………………………………… 146

第五章　明朝的外交

第一节　明朝对外关系及其变化 ……………………………… 152
　　明代繁荣的"朝贡贸易" ………………………………… 152
　　明中期以后世界形势的变化 …………………………… 155

第二节　明朝与世界各国的关系 ……………………………… 158
　　明朝与安南的关系 ……………………………………… 158
　　明朝与朝鲜和琉球的关系 ……………………………… 161
　　明朝与日本的关系 ……………………………………… 161
　　明朝与葡萄牙的关系 …………………………………… 166
　　明朝与西班牙的关系 …………………………………… 170
　　明朝与荷兰的关系 ……………………………………… 172

第三节　明代的外交管理制度 ………………………………… 175
　　明朝外交制度概况 ……………………………………… 175
　　明朝外交机构设置 ……………………………………… 176

第四节　明朝的著名外交家 …………………………………… 180

| 伟大的探险家郑和 | 180 |
| 被扣异国的傅安 | 183 |

第六章　清代的外交

第一节　清朝与西方国家的关系 …………………… 192

　　清代的对外政策概况 …………………… 192
　　清朝与荷兰的关系 …………………… 194
　　清朝与英国的关系 …………………… 195
　　清朝与其他西方国家的关系 …………………… 199

第二节　清代的外交管理制度 …………………… 204

　　前清外交制度 …………………… 204
　　后清外交机关的演变 …………………… 206

第三节　清代的著名外交家 …………………… 214

　　不再退让的索额图 …………………… 214
　　表现出色的托时 …………………… 216

参考书目 …………………… 222

第一章
先秦时期的外交

　　先秦时代是中国国家的形成与发展阶段，也是中外关系的萌生与发展阶段。在秦统一前的漫长岁月里，由于地理、交通以及经济发展的种种限制，中国与外部世界的交往往往通过众多的中间环节层层延伸。而且，这种交往本身也不一定是人们有目的的主观要求的实施，交往的主要内容多局限于民间往来。这一时期，中国与外部世界尚未建立起国与国之间的联系，这是中外关系史的萌生阶段。

第一节　先秦时期中外关系的萌生

■ 远古的"外交"一词的出现

中国古代的"外交"一词，其含义与今天的"外交"不同。

远古的"外交"，被视为不合礼制的行为甚至被认为是一种罪行。鲁隐公元年（前722），祭国的国君出访鲁国，《春秋》记作"祭伯来"，而没有记作祭伯"来朝"。《春秋谷梁传》隐公元年对此解释为"寰内诸侯，非有天子之命，不得出会诸侯，不正其外交，故弗与朝也"。

▲ 苏秦像

这里，祭伯的"外交"，被认为是不合礼的行为，是祭伯对周天子的一种非礼的举动。《史记》记战国时苏秦说："夫为人臣，割其主之地以求外交。"三国时孙吴张温出使蜀汉，曾向蜀人称赞同行副使殷礼而被问罪，将军骆统上表为张温辩护，有"叹本邦之臣，经传美之以光国，而不讥之以外交也"。这里的"外交"都带有"里通外国""相互勾结"之意，是作为当事人的一种罪行提出来的。

但是，古代文献中与今天的"外交"一词意义相近的词语并不在少数。如

"聘""问""朝""邦交""通事""交通""朝觐""聘问"等。到了唐代,"外交"的意思发生了变化,就有两国之间相互交往之意。

■ 大禹时期的外交活动

1. 征战与巡狩并重的外交策略

在黄河流域文明产生的同时,我国其他地区的文明也在以各自的方式发展着,并随着文化、经济交流而相互影响。但是,传统上仍然把黄河流域视作中华文明的主要发源地,是当今"中国"的起点。根据《尚书·禹贡》记载,当时的全国分为九州,其中黄河中下游地区作为华夏政治、经济和文化的中心,称为中国。这个地区相当于今天的河南北部、山西和河北南部、陕西东部和山东西部,面积只有大约50万平方公里。但是,就是这大约50万平方公里的土地,孕育、发展成了连绵不绝5000多年的中华文明,是世界上少有的古代文明中心之一。作为中国古代文明的主体,古代中国正是从这里出发(至少是以这里为主),开始了古代中国与外部区域的政治、经济和文化交流,从这里开始有了真正的国家外交与国礼的赠送,从而促进了中外物质文化交流的发展。

公元前2183年,禹即帝位于阳城(今河南登封)。禹本姓姒,曾被舜封为夏伯,因占有了大夏故地,故氏曰有夏,国号"夏";又因禹治水有功,声望远播,深受百姓爱戴和诸侯尊崇,是为"华",故后世有"华夏"之说。

根据《史记·夏本纪》记载,夏原是部落联盟的名称,由12个姬姓氏族组成,包括有夏氏、有扈氏、有男氏等等。夏王朝的创建者禹是黄帝的玄孙,也是原始社会末期氏族部落大联盟的最后一位领袖。夏王朝建立之前,原始氏族社会的最高组织形态是部落联盟,参加联盟的各个部落是平等的和独立的,相互之间没有后世所谓的行政隶属关系。

禹在位末期，曾到东方巡狩，并在会稽山（原称苗山，今浙江省绍兴市）召见各部落首领，之后大会诸侯于涂山。当时执玉帛而来与会的有"万国"之多，即《左传·哀公七年》记载："禹会诸侯于涂山，执玉帛者万国"。其中执玉的是大诸侯（氏族部落），执帛的是小诸侯（氏族部落）。在大禹的安排下，演奏了中原地区的大夏之乐，表演了干戚之舞，仪式隆重，规模宏大，令各方诸侯无不惊讶、佩服和畏惧。参加会盟的各方诸侯当场向大禹进献了礼物，其中九夷因世代与三苗通婚，没有随大禹讨伐三苗，一直惴惴不安，此次也当场进献了玉帛等贡品，表示愿意臣服于夏。

后来的涂山会盟进一步巩固了大禹的地位和在诸侯中的威严，之后，各地纷纷按照九等贡赋的规定，向大禹所在的夏部落进贡。

2. 积极开展与域内外部族的外交关系

为了寻求治国贤才，更为了与夏王朝周边地区的部族搞好关系，大禹曾积极开展对各个部族的外交关系。东边到达了鸟谷青丘之乡的黑齿国，南边到过交趾弥朴续国、九阳山的羽人国，西边到达三危国，北边到达会正国、犬戎国、夸父国和禺强国。显然，这些国都不是在夏王朝势力的实际控制范围内。

在这样的开展外交关系的过程中，禹是否与这些"国"有礼物交换，或者说，是否得到过这些"域外"赠送或朝贡的物品，我们不得而知，但根据帝舜时的事例推断，在大禹时也是应该有的。他在拓展外交的过程中，与各方国、诸侯国建立了良好的关系，情况极为熟悉，对天下"万国"诸侯，"大禹皆知其体"。而且，大禹还积极推行夏的先进文化和政治制度，包括"颁夏时于邦国"等。

禹时期的夏并不是完全意义上的国家，但却进一步完善了黄帝时期开始建立的国家的雏形。

■ 西周时期与域外的文化交流

1. 箕子与朝鲜古国

箕子,名胥余,与比干、微子同为商代三位仁人。箕子本是商王朝贵族,在商纣王时期曾辅佐朝政。

由于不满纣王花天酒地,使用奢侈品,箕子最终被商纣王囚禁。周武王灭商后释放了箕子,但箕子不愿意臣仕周朝,率领商遗民5000人向东北移民,并到达了古朝鲜地区的大同江流域,建立了箕氏朝鲜,这也是被史学界公认的古代先民大规模走向域外的开端。至于箕子进入朝鲜的路线,主要有两条:一是陆路,由华北过辽宁、吉林入平安北道或咸镜北道地区;一是水路,由山东半岛到达辽东后沿海岸到朝鲜西北海岸,或直接渡海到达朝鲜。周武王对殷商遗民的所作所为,实际上具有拉拢、争取各方国、部落支持的战略意图,是具有外交大局观的重要举措。至于"因以朝鲜封之(箕子)",也只是不得已形势下的顺势而为。周王朝没有追杀箕子所率领的商遗民,而是承认了箕子对古朝鲜的统治权,并没有要求箕子国履行诸侯国应该承担的对周天子朝觐贡献的职责。但是,箕子显然故土难忘,曾经回到中原并朝见周王。而且,周武王还借机并向其请教治理国家的"洪范九畴"。

箕氏朝鲜在箕子的治理下,国力不断强盛,存国达900多年,直到西汉初年被燕人卫满所灭。灭国后,箕子又南下,使箕氏朝鲜在半岛南部延续200多年。在春秋战国之际,中原礼崩乐坏,但在朝鲜尚存华夏古风,正是箕子的功绩,所以孔子称此地(古朝鲜)有"君子"。中国历代王朝出使朝鲜的使节,都要前去拜谒位于平壤附近的"箕圣陵"。

2. 周穆王西巡礼品馈赠及西周时期与西亚的联系

见诸史籍最重要的反映两周王朝与域外外交和文化交流的一件事,

▲ 西王母砖雕

是周穆王西巡。《竹书纪年》和《史记》中都记载了周穆王西征或西巡的历史性事件。《赵世家》记载:"造父取骥之乘匹,与桃林盗骊、骅骝、绿耳,献之穆王。穆王使造父御,西巡狩,见西王母,乐而忘归。"造父之后与戎狄杂处,善于蓄养牲畜,又因与姬姓诸侯有姻亲关系,为周之西陲。

对于西王母其人,《山海经》等先秦文献材料将其描绘成半人半兽的怪物,"豹尾,虎齿,善啸,蓬发戴胜",后来演变成为一位雍容华贵的女神。在遥远的古代,著名人物就是氏族或氏族联盟的代名词。正如前面所述,黄帝、尧、舜、禹等帝王都曾与西王母或其国的首领见过面,到西周时期,西王母是一位雍容平和、善唱歌谣的西方君主。按照《汉书·地理志》的说法,西王母居住的石室,在金城临羌(今青海西宁以西)的西北塞外,祁连山南麓。有学者根据其地理位置和物产研究,认为西王母国应在中亚的锡尔河流域中上游一带,即希罗多德《历史》中所说的马萨革泰部落。从周平王平定殷商奴隶主叛乱后来朝贺的四邻中有渠搜、康居等来看,周穆王西巡到达了锡尔河上游,也是很有可能的。在当时人们的观念中,西王母居住的地方代表了周王朝的西方极其遥远的地区,被认为是四荒之一。

第二节　先秦时期的外交管理制度

■ 夏、商时期外事制度

中国最早的外交活动可追溯到原始社会末期的部落之间的谈判、结盟、划界和部落联盟大会。形成国家后，政治内容有二：一是安内，一是攘外，外事成为国家大事不可缺少的一部分。

夏朝是我国最早的奴隶制国家政权，但其结构不甚完备，行政场所最典型和最集中的是宗庙。国之大事如祭祀、册封、出师授兵、报捷献俘、外交盟会等，无不在宗庙举行。史书载夏朝中央设三老、五更、四辅、五岳，夏王每有大事，"敬四辅臣"。《尚书大卷》曰，天子"必有四邻，前曰疑，后曰丞，左曰辅，右曰弼"。由此可以推断，夏朝制定对方国诸侯的政策和策略的，必是天子与"四辅臣"等最高统治者。

商灭夏，定都于亳（今河南商丘谷熟镇）。全面实行奴隶主贵族专政，凡传十七代三十一王，四百九十六年至纣王。奴隶主贵族阶级为了对内镇压奴隶和平民，对外进行掠夺战争和镇服四方诸侯，建立了比夏朝更为健全的国家机器，有了一套比较完整的内外职官体制，设有专门负责对外事务的官员——宾。《尚书·洪范》云：商有八政（八种政务），其中第七种机构叫"宾"。宾官相当于外交部长，隶属太宰，主掌接待宾客和诸侯朝见事务。这是已知的中国最早的外交事务官员，说明商代已把外交作为政治体制的一部分了。

■ 周朝的外交礼制

周朝外交有两层含义：一是周王室与华夏诸侯的交往，二是以周为主的宗藩体系与"九夷""八蛮""六戎""五狄"等少数民族政权的和平交往。

周公摄政时，在明堂之位接见天下国君。按周"外服"之礼——即诸侯与方国的事周之礼。

西周外交礼制是一套极繁、极细的程序。西周外交是政治生活的一个重要部分。只要礼制不乱，诸侯敬周，诸方不乱华，就能保证天下太平，各国相安无事。这种礼制是维护当时中国大地上各种政权能相对和平共存数百年的原则保证。《墨子·节用中》说："古者尧治天下，南抚交趾，北降幽都，东西至日所出入，莫不宾服。"尧的时代未必能宾服四境至如此之远，但周朝礼制的适应范围正好如墨子所言。

周礼"礼乐刑政"体系的第二大内容是乐。礼必有乐相配合，"声音之道，与政通矣"。乐在周朝，已是上层建筑中相当重要的一部分，对内可使"暴民不作"；对外，可使"诸侯宾服"。《周礼·春官》记春官下有"鞮鞻"一职，掌四夷之乐。由于周乐乐谱的失传，无法考证在外交场合使用的乐律。但可以断定，能"宾服诸侯"的音乐，必有其丰富的内容，应包括显示周朝威严的国曲和按等级分别对待的迎宾曲，因为礼与乐是一致的。

周王以下的中央官吏，有三事、六太、三司，负责对外事务的是六太中的太宰和太宗。据《周礼·春官·宗伯》称："太宗伯之职，掌建邦之天神人鬼，地示之礼。"包括宾礼，具体说就是安排周王外见，以亲邦国。周天子常派遣特使到诸侯国，如《左传》记："天王使宰咺来归惠公、仲子之赗。"方国的首领或使节，都是按森严的礼乐制度进行朝觐的，繁而不乱，井然有序。周秋官司寇（刑法官）下属"大行人"一官，掌宾客礼仪，还设有"候人"一职，具体负责迎送宾客，又设"舌人"，掌翻译。奉命出使的，称"行人""行李"。负责遣召使节的官员，叫"象胥"。《周礼·秋官·象胥》说，"象胥掌蛮夷闽貉戎狄之国使。"

西周王朝是中国历史上奴隶社会"三代"中最繁盛的一代。周王是天下共主，有至高无上的尊严和权威，周王巡访诸侯和境外"方"国时，有严格的仪仗制度，以显示"天子"气派，《周礼》还不厌其烦地介绍了负责周王仪仗事务的官员如趋马、巾车等等。

春秋时期，国与国交往频繁，外事工作为适应时代的发展，开始制度化了。根据《周礼》规定："凡邦国之使节，山国用虎节，土国用人节，泽国用龙节；皆金也，以英荡辅之。"春秋各国都是华夏文化下的分裂政权，遴选派外使节要求很高。首先，"事君之节，生为尽义"，即忠于国君；其次，使节外貌必须是仪表堂堂，晏子生相不扬，又丑又矮，遭到楚王嘲笑；更重要的是博学多才，忠于君王，随机应变，"不辱君命"。晏子因其长相受到楚王讥讽，但他摇唇鼓舌，反而把楚王说得面红耳赤，使楚王不得不重视与齐国的关系。作为特使，还有一个基本条件，就是精通《诗》文。《诗》又称《诗经》，收集了西周初年到春秋中叶的诗歌305篇，含有丰富的百科知识。使节会诗，既可随机应变，又反映本国的文明程度，故有"达乎诗而使"之规定。

战国初期，各国都进行了政治和经济改革，外交体制上也都发生了变化。各国协助国王综理全国行政事务的，除楚沿用"令尹"这一名称外，都称丞相。《吕氏春秋》说："相也者，百官之长也。"丞相的职权范围似乎很大，总百僚之任，内政、外交、军事、文化无不综理。但在天下大乱，外事繁多的战国时代，丞相最忙的是外交事务。因此各国任用的丞相大都是著名的外交家。如张仪、苏秦、范雎、甘罗、公孙衍、蔡泽、吕不韦、蔺相如等。

第三节　先秦时期的著名外交家

■ 齐国宰相管仲

管仲（约前725年—前645年），齐国宰相，春秋时期最著名的大政治家、大思想家，也是一位深谋远虑的外交战略家。管仲相齐，辅佐桓公，"九合诸侯，一匡天下"。管仲行之有效的安内攘外之策，齐国遵之达数百年。

管仲秉承君命辅佐君王完成霸业，采取的是先修内政，后举外交的方略。首先，管仲建议桓公自身修德，使国内官职、法制、政教有道，使国强民富、国家安定，这是称霸、称王的根本，是外交的基础。桓公继位前几年，不听管仲之谏，扩充军队，勤于战争，人民困乏，国力衰弱，桓公不得不信服管仲。管仲认为治好天下，必须珍惜国力，治好国家，必须珍惜民力。桓公接受建议，治政有方，对外和平，取信于诸侯。

其次，管仲建议慎用兵。管仲虽然认为"明一者皇，察道者帝，通德者王，谋得兵胜者霸"，战争可以助王业和成就霸业。但是管仲也主张慎用兵。他认为，劳民与伤财，莫过于用兵；危国与伤君，也没有比用兵更快的。国家兵备，乃防范其所患。如今齐国虽然地域辽阔，国家强大，人口众多，兵力充实，只是有了称霸的根本。但从天道来说，发展到极盛就容易走向衰落，人心也容易骄傲。对外骄横就会脱离各诸侯国，对内骄傲则会产生懈怠，以致内外交困。而真正匡正天下、成就霸业的君主，应当做到使国家强盛却不奢侈纵欲，兵力强大却不轻意侮辱诸侯，或轻易向外举兵。即使采取军事行动，也应该是为伸张天下的正义，不是为侵吞别国土地，掠夺别国财富，这才能在诸侯中树立起威望，为称霸诸侯奠定基础。

再次，管子建议桓公以"尊王攘夷"之策号令诸侯，在诸侯中树立威信。桓公打着为天下诸侯操劳的名义，在狄人攻打邢国之后，桓公则派人修筑夷仪城加以封赐，使他们男女不杂乱，并使他们牛马齐备。狄人攻伐卫国，卫国人出旅曹地，桓公也给他们修筑楚丘城，赏良马三百匹。桓公因此也得到仁义之名。当时诸侯多有乱而不服从天子，齐桓公便以尊王攘夷之令讨伐不义之臣。为征伐狄国，桓公号令各国诸侯，各诸侯积极响应纷纷派兵，大败狄军。之后，桓公又对诸侯说，我们出于敬顺天子的原故，讨伐无道的狄国，但北州诸侯却敢违背天子的旨意，不参加征伐，建议大家惩罚北州的诸侯。随后北州诸侯继亡，齐桓公俨然天子的代言人，对诸侯发布告示，公布政令，齐国也替他们分忧谋事，齐国的威望大振。以至于在葵丘大会诸侯的时候，周天子派大夫宰孔送祭肉给桓公，还允准桓公不用给天子下拜。

第四，借助实力，不战而屈人之兵。管子虽主张慎用兵，但却从不放弃建立霸

▲ 管仲像

业必须依靠战争的思想。齐国以亲邻国，施德于诸侯，使他们皆归附齐国，不战而胜。若战，借口天下有变，或邻国"无道"，抓住时机，予以讨伐。管仲主张用兵要一战而定胜负。对近国用实力征伐，对远国以号令威慑。齐国最后凭借武力和威慑使东夷、西戎、南蛮、北狄和中原诸侯各国无不宾服。桓公会集诸侯书写盟约于阳谷。之后，兵车会集诸侯有六次，乘车会集诸侯有三次，九次会合诸侯，齐国执盟会之牛耳，号令天下。

齐国重要的会盟如下：

周釐王二年（公元前680年），齐桓公假周天子之命召集陈、曹两国，以武力迫使宋国屈服，翌年春，齐在鄄（今山东鄄城）与宋、陈、卫、郑国会盟。此为齐桓公霸业之首举。

周釐王五年，中原诸国受楚北伐的威胁，陈、郑两国慑于楚国的实力，暗与楚交。齐桓公软硬兼施，与鲁、宋、陈、郑国首领会集于幽（今河南兰考县东），稳住了陈、郑，使两国坚定地站在中原同盟国一边。

周惠王十三年（公元前664年），齐援燕伐山戎；惠王十六年，齐联合宋、曹两国，伐狄救卫。

周惠王二十一年（公元前656年），齐桓公率中原同盟联军侵蔡伐楚，楚国不敌，楚国遣臣子屈完求盟，于是楚和齐等盟国在召陵（今河南郾城东）会盟，双主达成和平协议，召陵之盟后短期内，中原安定无战。

周襄王元年（公元前651年）。晋献公崩，晋国发生了王位之战，齐桓公派使节约秦穆公干涉，立晋惠公。周襄王三年，秦、晋、齐联军驱逐戎部落，戍守洛邑，周成了齐盟的保护国。

周襄王五年，齐桓公会诸侯于咸（今河南濮阳县东南咸城），解决周王室戎难，并联合对付淮泗地区夷族小国。

周襄王七年，楚成王伐徐（今安徽泗县南），齐桓公又作牡丘之会（今山东莒县东），率宋、鲁、陈、卫、郑、许、曹、齐八国之师救徐。防止楚势力向东渗透。

管仲时代齐国召集的诸侯盟会是世界外交史上最早的"国际会议"模式。当时的诸侯盟约被原苏联史学家称为人类外交史上已知的第一个"互不侵犯条约"。

■ 巧辩大师晏子

晏子，字仲，谥号平，原名晏婴，春秋时齐国夷维（山东高密）人，齐国著名的宰相，历经了灵公、庄公、景公三代，人称齐国的"三朝元老"，同时还是一位巧言善辩的外交家。《晏子春秋》中收录了很多关于晏子精彩的外交辞令和外交故事：

一次晏子奉命出使吴国，吴王夫差对行人（宾官）说："吾闻晏婴，盖北方辩于辞，习于礼者也。"接着他就对小臣说，如果晏子来，就称"天子请见。"第二天，吴国礼官对晏子说："天子请见。"晏子一听，蹙然止步。原来，当时只有周王才能称天子，诸侯国主只能称国君，而吴是一侯国竟然称己为天子，就是表示高于齐国一级，这是对齐国的侮辱，晏子愤然拂袖而去，说自己"不敏而迷惑（糊涂，走错了路），入天子（周王）之朝。"吴国引人把晏子的话传给吴王，吴王听后自觉理亏，就传话于晏子："夫差请见。"并按会见诸侯的礼节，接待了晏子。

古今外交官不乏相貌堂堂、

▲ 晏婴像

气质非凡的人物，从某种程度上来说，外交官的形象代表了一个国家的风貌。但是外交官能赢得尊重，不辱使命，决不仅仅在于外貌和身高。晏子就是一例。

晏子相貌平平，身材又十分矮小，出使外国常遭到人们的嘲弄。一次他奉命使楚，楚王闻晏子个小，便想利用开玩笑羞辱一下齐国使臣，楚王让人在城门的旁边开了一个小门，请晏子从小门进入都城，首先给晏子一个下马威。晏子明白楚王的用意：利用晏子的生理缺陷开政治玩笑，以便在楚齐的谈判中占据上风。晏子面对这人身侮辱，怒而不失态，平静机智地以玩笑回敬："使狗国者，从狗门入，今臣使楚，不当从此门入。"楚王原想羞辱晏子，不想被晏子所辱，只好命宾官敞开大门，让晏子进城。楚王一计不成，气恼之余又生一计，见到晏子时，楚王问道："齐无人乎？"晏子对曰："（光我齐国首都）临淄三百闾，张袂成阴，挥汗成雨，比肩接踵而在，何为无人？"楚王又说："然（既然有这么多人），则子何为使乎？"晏子见楚王出言不逊，厉声反驳道："齐命使，各有所主，其贤者使贤王，不肖者使不肖王，婴最不肖，故直使楚矣。"楚王辱人不成又被辱，更加气恼，但考虑到两国关系不致于太僵，就止住了，但总想找机会报复晏子。

后来，晏子再次奉命来到楚国，楚王处心积虑又想羞辱齐国使臣。便征求左右大臣们说："晏婴，齐之习辞者也，今方来，吾欲辱之，何以也？"楚国官员就为他出了一个主意：等晏子来了，就让两名官员绑个人进来，然后楚王故意问来者何人，犯何罪，楚官要回答说：是齐国人，偷了东西被擒获。楚王听后很高兴。等晏子来访，楚王请晏子入宴，酒席中间，两名楚国人押着一名被捆绑的进来，并报告楚王说，这个人是齐国人，在楚国行窃被抓住治罪。楚王故意问晏子："齐人固善盗乎？"晏子见楚王又滋意寻衅，便离开席位迎面反驳说："婴闻之，橘生淮南则为橘，生于淮北则为枳。叶徒相似，其实味不同。

所以然者何？水土异也，今民生长于齐不盗，入楚则盗，得无楚之水土使民善盗耶？"楚王搬起石头砸了自己的脚，就自嘲地对晏子笑道：圣人是不能被嬉笑的，今天寡人欲取笑先生，没想反被先生取笑了。楚国国君鲜有贤明者，后人可从屈原的故事中略知一二。齐楚联盟经常为秦国破坏，多因楚王贪利而愚蠢。齐景公再派晏子使于楚国，晏子见楚国虽为万乘之国，但教令不明，治国无道，国王昏聩，晏子就把楚王给他的一个橘子连皮全吞进肚里，以比喻在楚国无章法可依，对外政策不能连贯。

晏子使楚的故事一方面反映了他临危不惧，从容不迫机敏善辩的才能，另一方面又说明了一个好的外交官在反击对方时把握尺度，留有余地，不把局面弄僵而致断交。晏子是重礼义、爱好和平的政治家。这大概是后人把他列入儒家的主要原因。齐国是春秋时代的超级大国，齐庄公好恃强称霸，"奋乎勇力，不顾行义"。晏子谏曰："勇力之立也，以行其礼义也。"晏子主张对内实行仁政，对外恪守信义，反对以武力称霸欺凌弱国。他劝齐庄公说："安仁义而乐利世者，能服天下。"可惜，齐庄公不听劝告，穷兵黩武，用兵无方，国疲民苦，导致国内大乱，齐庄公被臣所杀，齐景公被立为国君。

春秋礼义的一个重要内容就是对天下宗主周王室表示尊重。但随着各诸侯国实力增强，各大国欲挟天子以令诸侯的野心已见端倪，周王室威信日益下落，犯礼者也日益增多。晏子是竭力维护周王室权威的代表人物。他推崇礼义，而对无礼挑衅者则当仁不让地予以驳斥。晋平公准备入侵齐国，先派范昭来齐国探听虚实。齐景公设宴招待范昭。酒席间，范昭要用景公的酒具，景公当即让人递了过去。晏子马上传令给景公换上新樽。酒过几巡，范昭佯装喝醉了，起身跳起舞来，并要奏周之乐（周天子配舞的音乐），遭到齐太师拒绝。范昭怒而离席。齐景公大惧，对晏子说："晋，大国也，使人来将观吾政，今子怒大国之使者，将奈何？"晏子回答："夫范昭之为人也，非陋而不知礼也。且欲试吾君臣（意志），故绝之。"范昭见齐国大臣非可欺之辈，就回国对晋平公说："齐未可伐也。臣欲试其君，而晏子识之；臣欲犯其礼，而太师知之。"孔子听说这件事情之后，对晏子备加赞赏，说道："夫不出于樽俎之间，而知千里之外，其晏子之谓也。可谓折冲矣！"今天人们称外交官"折冲于樽俎之间"，就是出自晏子的外交故事。

晏子与孔子相互尊重，相互仰慕，各事其君。晏子出使鲁国多次，与鲁国君臣有很深交情。齐鲁两国相处甚睦。晏子出使鲁国拜见国君之后，还要登孔子之门，孔子每次也"以宾客之礼送之"。但孔子为人比较迂腐，游访齐国时并不去拜会晏子，以致于齐景公问他为何不见，孔子回答说："臣闻晏子事三君而得顺焉。是有三心，所以不见也。"相反，晏子的气量和见识高于孔子一筹。当孔子一度出任鲁国的宰相时，齐景公担心邻国会因圣人执政而对齐国构成威胁，而晏子则不以为然，他称赞孔子为鲁国"圣相"，但相信鲁国君不会接受孔子的劝谏（因为孔子喜欢当面教训别人，忠言逆耳）。果然不出晏子所料，孔子当了一年宰相就下台了。孔子想到齐国做官，景公不纳，"困于陈燕之间"。

晏子是齐国最后一位有远见卓识的政治家和外交家。《晏子春秋》所记载的故事虽有些艺术加工的痕迹，并无虚构杜撰的嫌疑，它是研究古代东方外交艺术的重要史料。

知识链接

先秦时期的"交聘"制度

"交聘"是具有周代特色的早期外交形态，从中国古代外交史观之，这是汉代外交的前驱，也是汉代以后中国古代外交制度渊源所在。因此我们在论述汉代外交之前，有必要简要回顾周代的"交聘"。

周代将诸侯与天子之间以及诸侯之间的交往、访问称为"聘"。许慎说："聘,访也。"《尔雅·释言》："聘,问也。"邢昺释曰："问,谓存省之。"可见"聘"就是相互访问、存省的意思。那么当时具体的制度如何呢?《礼记·王制》说："诸侯之于天子也,比年一小聘,三年一大聘,五年一朝。"而《周礼·秋官司寇·大行人》则谓："凡诸侯之邦交,岁相问也,殷相聘也,世相朝也。"由此可见"聘"有两个层级,一是指诸侯对天子之"聘",二是指诸侯之间相"聘"。

《礼记·王制》所说的是诸侯对天子之"聘",每年一"聘"为"小聘",三年一"聘"为"大聘",五年则一"朝"。此三者之间的区别在哪里呢?郑玄说："小聘使大夫,大聘使卿,朝则君自行。"诸侯使大夫出使于天子为"小聘",使卿出使于天子为"大聘",诸侯亲自拜见天子为"朝"。可知"小聘""大聘"与"朝"不仅有时间间隔长短的区别,还有"聘"使等级和礼仪隆杀的区分。

第二章
秦汉魏晋时期的外交

　　秦汉王朝建立后，随着国家的统一，经济的发展，西通西域，南入南海，东连海东，与周边国家和地区建立起日益频繁的交往与联系，中外关系进入到初步发展时期。这一时期，随着秦始皇开拓海疆和秦汉时期丝绸之路的海陆齐开，我国的外交事业冲出亚洲，走向世界，取得了举世瞩目的成就。魏晋南北朝时期虽然经历了长期的封建割据及连绵不断的战争，但最终实现了中国历史上影响深远的民族大融合。

第一节　秦汉魏晋时期外交概况

■ 秦汉时期对外贸易的发展

公元前206年，汉高祖刘邦创建了汉帝国。经过多年战争，社会经济遭到严重摧残，国弱民贫。汉初统治者为巩固其政权，采取了"轻徭薄赋，与民休息"的政策。经高祖、惠帝到"文景之治"，社会经济逐渐得到恢复发展并日益走向繁荣，农业和手工业生产水平空前提高，其中丝织、漆器、冶铁制造业更是有了长足进步。

深受中外人民喜爱的丝绸的生产，汉代时已高度发达，丝织工场规模庞大，如临淄的官营作坊"作工各数千人，一岁费钱巨万"。京师长安的东西织室，所需费用更高达数千万之多。民间也是"环庐树桑""女修蚕织"，因而丝织品产量大为丰富。前代"庶人耋老而后衣丝"的礼制被彻底打破，出现了"常民而被后妃之服"，一些富人家甚至使"犬马衣文绣"。丝织工具进一步改进，技术更加高超。比如，河北钜鹿人陈宝光之妻发明了120综和120镊的提花织

▲ 汉高祖刘邦像

机，能织造各种各样的花纹。出土文物为这一时期的丝织业的发展水平提供了更为有力的佐证。1972年，长沙马王堆汉墓曾发掘出土了大量汉代的丝织品，其种类众多，有平纹的绢、纱，提花的素色绮和罗，以及彩色的提花织锦。这些丝织品织造工艺之精湛令人叹为观止，如其中的纱，薄如蝉翼，丝的拈度，每米达2500—3000回，已接近今天电机拈丝每米3500回的水平。而锦是所有丝织品中最高级的，特别是其中的起毛锦（又称起绒锦、绒圈锦），色彩图案最为精美，工艺也极其复杂。据研究，这种锦"是三枚绎线提花并起绒圈的经四重组织……花型层次分明，绒圈大小交替，纹样具立体效果，因而外观甚为华丽"。此外，丝织品的染色及印花技术也十分惊人。出土的丝织品色泽亮丽，颜色繁多，大体上有二十余种，且各种颜色都浸染得很深透，色调配合均匀。

兴起于春秋末年的漆器制造业，在汉代又有了进一步的发展。漆器制作工艺更加精细，种类更加多样，成为汉代人喜用的日用品，而其中的高级品则成为上层社会的装饰品或珍玩。前述长沙马王堆一号汉墓还同时出土了148件漆器，专家报告称："这些漆器纹饰细致、流畅。花纹除平涂外，大量使用线条勾勒……这批漆器色彩使用上，也达到了很高的水平。"

中国在春秋战国时代已出现了冶铁业。到汉代，铁器制造已达到一个新的水平，冶铁高炉体积增大，还出现了水力鼓风机。另外，在炼铁中开始使用石灰石作熔剂，使铁的质量大大提高。近代仍在应用的球墨铸铁法已经出现，并且已发明了由铸铁脱炭的百炼钢。

■ 丝绸之路的路线

丝绸之路是东自我国西汉的长安（今西安），横贯亚洲大陆，西达地中海东岸的一条商路。全长约七千多公里。

丝绸之路有南北两道之分。《汉书·西域传》称："自玉门、阳关出西域有两道：从鄯善傍南山北，波河西行，至莎车为南道。南道西逾葱岭则出大月氏，安息。自车师前王庭随北山，波河西行至疏勒为北道。北道西逾葱岭则出大宛、康居、奄蔡。"《后汉书·西域传》也有类似的记载："自鄯善踰葱岭出西诸国，有两道。傍南山北，陂河西行至莎车，为南道。南道西踰葱岭，则出大月氏、安息之国也。自车师前王庭随北山，陂河西行至疏勒，为北道。北道西踰葱岭，出大宛、康居、奄蔡焉。"可见，丝绸之路在我国境内，南道是由敦煌（今敦煌西）出阳关（敦煌西南古董滩附近），过鄯善（本名楼兰，都城为抒泥，今若羌县治卡克里克），沿昆仑山北西行，经且末（今且末县，塔里木盆地东南）、精绝（今民丰县北）、于阗（今和田一带）、皮山（今皮山县）至莎车（今莎车）；北道是由敦煌出玉门关（今敦煌西北小方盘城），越流沙，至车师前国（今吐鲁番），沿天山南西行，经焉耆（都城为员渠城，今焉耆西南四十里）、龟兹（今库车）、姑墨（今阿克苏）至疏勒（今喀什）。这条路之所以分南北两道，是因为在我国新疆境内有塔里木盆地、塔克拉玛干大沙漠的横隔，只能沿昆仑山北侧或天山南侧西行的缘故。

从阳关、玉门关向东，直至丝绸之路的起点——长安（今西安），是长安到新疆间我国国内交通的主要干线，又是丝绸之路在我国境内不可分割的一部分。这条商路又分为两段：一是从长安至河西走廊；二是河西走廊（即甘肃走廊）。

长安至河西走廊的这段商路，也分为南北两道。北道是自长安，经咸阳、兴平、礼泉、乾县、邠县、长武、泾川至平凉，再经固原、海原、靖远、景泰、古浪至武威。北道的开通，是在西汉时期。南道是从长安出发，经咸阳、兴平、武功、郿县、宝鸡、汧阳、陇县、陇城、秦安、通渭、陇西、渭源、临洮、临夏，至青海的民和、乐都、西宁，再往北过大通河（古浩门河），越祁连山过扁都口，经民乐至张掖，在此与北道汇合。南线的开辟，也始于西汉。张骞第一次出使西域，就是走的这段路程。其后，东晋的法显从长安经河西、新疆到印度去求法取经，也正是途经此道。由于南道位于黄河以南的农耕地区，自然条件优越于北道。以上是南北两条干线，此外，还有若干条支线，这里不赘言。

河西走廊，在古代中西交通史上具有重要的地位，是由中原抵达西域的最理想的通道。这段商路是从武威起，经永昌、山丹、张掖、临泽、高台、盐池、临水、酒泉、嘉峪关、玉门镇、布隆吉、安西至敦煌。自敦煌往西，便同上述的新疆境内的丝绸之路的南北两道相接。

越葱岭（今帕米尔）出国境后，是丝绸之路的东段，仍分南北两道。南道，一是从皮山西南行至乌秅（今叶尔羌河上游）而达罽宾（今克什米尔）；二是从莎车，经蒲犁（今塔什库尔干），沿帕米尔河过休密（今阿富汗境内的瓦罕），经兰氏城（今阿富汗境内瓦齐拉巴德）至木鹿（今土库曼斯坦境内马里以东），该商路抵达大月氏、大夏、安息等国。这是两汉时中亚境内的一段主要商路。北道，一是从姑墨越天山，过阗池（今俄罗斯境内伊塞克湖），绕葱岭以北而达康居的郅支城（今俄罗斯境内江布尔）；二是从疏勒西行越山道而达大宛、康居、奄蔡。两者相比，后者是一段主要的商路。奄蔡的西界是博斯普鲁斯

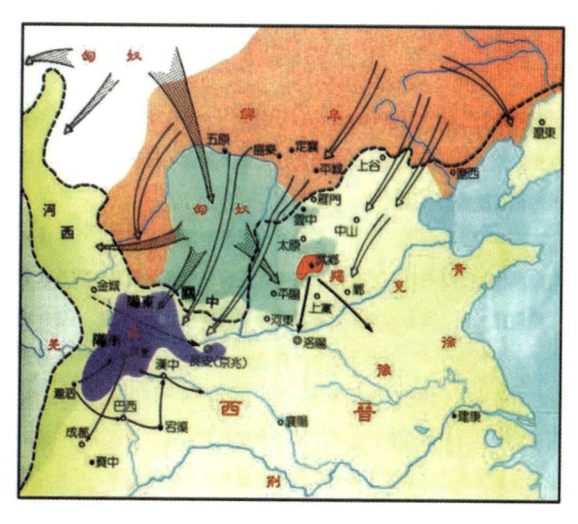

▲ 五胡内迁分布图

王国。该王国是希腊殖民建立的，公元前一世纪中叶成为罗马的属国。其都城潘提卡-丕昂（今刻赤）是转运东方商品往罗马的中间站。公元前一、二世纪，在安息控制经行伊朗高原和波斯湾的贸易情况下，该商路起了一定的作用。

再往西是横亘伊朗东西的一段商路，是丝绸之路的中段。它位于厄尔布尔士山脉与卡维尔沙漠之间，路途笔直而便捷。自木鹿西行经番兜（《后汉书》称和椟，希腊人称之为"百门"之城，即海克桐皮罗斯，今达姆甘附近）、拉蓋（今德黑兰附近）、阿蛮（安息王的夏都艾克巴塔那，今哈马丹）、至太西丰（底格里斯河左岸的安息王冬都，又称斯宾国，今巴格达东南二十英里）和塞琉西亚（底格里斯河右岸的希腊商业城市，又称斯罗国）。这两城隔河相望，可视作一个整体。波斯萨珊王朝定此为国都，我国史籍称之为苏利城、宿利城及苏剌萨党那等，阿拉伯人称之为"麦大因"。

丝绸之路经过安息，再往西，是从塞琉西亚为起点往西北行的，由多条支路所构成的一段商路，称其为西段。其主要的有如下三条：一是从塞琉西亚为起点，沿幼发拉底河左岸，或经幼发拉底河附近阿拉伯游牧部落的沙漠地带西北行，渡巴里赫河（今贝利赫河）至内塞佛立昂（今叙利亚的拉卡），再西北行至阿帕美亚城，过幼河至对岸祖格马镇，转西南行，抵达安都城（今土耳其的安塔基亚）。安都城在希腊化时期是塞琉西王国的首都，在罗马帝国时期是罗马"东方"总督的治所，也就是我国史籍所记大秦国的国都。中国的丝织品到达安都城后，一方面转贩欧洲各国；另一方面从安都城北上转西，越过小亚细亚的陶卢斯山（今托罗斯山）西去，至小亚细亚都城埃弗塞斯（今土耳其西部伊兹密尔一带）。这条路，称其为西段的中道。公元前三世纪至二世纪期间，它随着塞琉西王国的兴盛而繁荣。二是自底格里斯河的塞琉西亚出发，渡幼发拉底河西北行，至杜拉·欧罗普（今叙利亚的萨利希亚堡），再西行抵达帕勒米拉（今叙利亚的塔德漠尔），又西北行抵安都城，或西南行至大马士革，再转向地中海东岸的西顿、太尔、贝鲁特等港口。这条路，就是西段的南道。它是随着叙利亚沙漠北部商队城市的兴起而形成。到公元三世纪才逐渐衰落。地中海东岸出产骨螺，这种动物分秘的液体可制成紫色染料。太尔港以染紫工业和制作丝织品服装著称，从中国辗转而来的丝织品，便是在这里进行拆散和染紫，再织成当地喜用的轻纱。之所以染成紫色，是因为罗马人把紫色看成是最名贵和最高尚的。三是西段的北道，从太西丰出发，沿底格里斯河左岸北上，经古亚述都城尼涅微（今伊拉克的尼内韦赫），过河至摩苏尔（今伊拉克境内），西北行，经尼西比斯（今土耳其的努赛宾）、艾德萨（今土耳其的乌尔法）、阿帕美亚、祖格马镇至安都城。这条路因在北方，气候适宜，雨量充分，水草丰足，商队往来不绝于途。

以上是经由我国境内和出我国国境经中亚、西亚的丝绸之路。除此以外，还有一条是经行天山北路和东南俄草原的丝绸之路。两汉时期，天山以北就有路相通，但由于匈奴的侵扰受到了阻梗。《汉书·西域传》"车师后城长国"条称：

"元始中（公元115年），车师后王国有新道，出五船北，通玉门关，往来差近。戊己校尉徐普欲开以省道里半，避白龙堆之阨。车师后王姑句以道当为拄置，心不便也。"直到三国时，车师后部王内属魏国，这条路才得以畅通，称之为北新道，相对两汉的北道而言。北新道一词，始见于《魏略·西戎传》。三国时的北新道，是在康居西北同汉代的北道连接起来，经奄蔡到达罗马帝国在里海沿岸的领土。这条路对于罗马帝国来说，显得十分重要。罗马帝国在公元一至三世纪，先后同伊朗的安息朝和萨珊朝争夺两河中上游地区。为了摆脱安息朝对丝绸贸易的控制，力图开辟输入丝绸的新路。它一面利用印度洋上的季候风开展对东方的海路贸易；一面从黑海方面获得丝绸。北新道的开辟，正是满足了罗马帝国从陆路方面获取丝绸的需要。到了隋代，裴矩的《西域图记》也记述了这条路，称之为北道。到了公元十三、四世纪，即元代时期，该路的重要性更为突出。

魏晋民族大融合的出现

魏晋南北朝时期，是我国境内各民族大迁徙、大融合的时代。鲜卑、匈奴、羯、氐、羌等少数民族不断内迁，民族融合使中原地区的汉族增添了新鲜血液。民族是指由共同通用语言、共同生活区域、共同经济生活、共同文化心理联系起来的群体。经过四百多年，原来的民族布局在人口迁徙中完全被打破，相互间不再有地域隔绝；一些游牧民族也过着定居的农耕生活，形成了共同的经济生活；汉语言文字作为"正音"被确定下来；中原先进文化成为大家接受的文化，而它又吸纳少数民族文化的优秀内容有了新的发展。到北朝末年，原有的民族差异逐渐消失，实现了民族大融合。

1."五胡"的内迁

东汉末年，由于汉王朝的军事征服以及他们为弥补中原兵力和劳

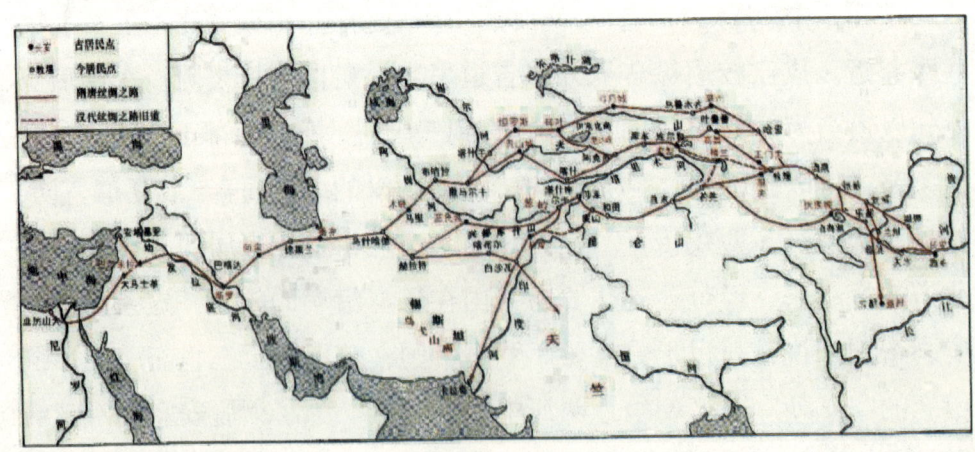

▲ 丝绸之路线路图

力不足而对各少数民族的招诱，使中国西北部和北部周边的各少数民族开始不断地向内地迁徙。其中以匈奴、鲜卑、羯、氐、羌族为主，中国古代把这几个民族称为"五胡"。他们越过农牧分界线同汉族杂居。这些民族本来就与内地汉族有频繁的交往与经济文化交流，加之各族的杂居，使其与汉族的交往、交流更加频繁，更加直接。到西晋时期，"西北诸郡，皆为戎居"，"关中之人，百余万口，率其多少，戎狄居半"。他们成为我国北部、西北部地区不可忽视的一支力量。

魏晋时期，汉族统治者、官僚、地主奴役与剥削这些少数民族，强迫他们当兵；西晋八王之乱中，诸王也都利用少数民族参加内战。一些少数民族的人还被掠卖，充当官僚、地主的佃客、奴婢。这样，许多少数民族人口因动乱、饥荒而成为生活无着的流民，这些少数民族与汉族贫苦农民一样，生活上陷入十分悲惨的境地。西晋末年政治黑暗，统治者的自相残杀，对人民进行残酷的剥削与压迫，中原人口或死于战乱饥荒，或大批南迁，因而加快了少数民族的内迁步伐。

2. "十六国"的民族融合趋势

由于西晋的黑暗统治及对各民族的剥削压迫，少数民族进行了反晋斗争，西晋王朝轰然倒塌。西晋灭亡以后，进入中原的北方、西北各族对黄河流域的广大地区虎视眈眈。各少数民族，及一部分汉族，先后在此建立了十多个政权，历史上称为"十六国"。这个时期，自刘渊起兵反晋建立政权，至北魏统一北方地区的一百多年里，黄河流域纷纷扰扰，战祸不休，终无宁日。其间，氐族的前秦曾一度统一北方，前秦与东晋大战于淝水。淝水之战后，前秦瓦解，北方又处于各族政权林立、相互混战的状态。十六国的纷扰战乱，使黄河流域的农业生产和中原文化遭到极为严重的破坏，给各族人民带来无穷的灾难。而且，由于相互征战、百姓流亡，一些少数民族的界限逐渐被打破，各少数民族人民之间、少数民族与汉族之间接触更密切，各民族间的差异逐渐缩小。在混战中，一些弱小民族势力被削弱，有的统治者为了巩固自己的统治，任用汉族知识分子。民族关系由交往、交流朝着民族融合的方向发展。

3. 北方民族融合

鲜卑、匈奴、羯、氐、羌等族与汉族融合的过程，是一个相互学习的过程。游牧民族南下入居汉族农耕文明区，逐渐改革了原有的生产方式与生活习惯，同时也把他们的优秀文化与物质文明带到了中原，后来，这也成了汉族文化、生产中重要组成部分。

内迁少数民族学习汉族文化，实质上是促进了他们的封建化。十六国与北朝的一些少数民族政权的统治者，崇尚儒学，任用汉人中的"先贤世胄"制定礼仪与政治、法律制度，均田令使北魏统治下的各族人民成为被束缚在土地上的农民。

由于北方民族融合加速发展，也由于大批中原农民、士人在动乱中南渡，南北之间的差异逐渐消失。魏晋南北朝的民族大融合，为隋唐大一统和经济文化的高度发展奠定了基础，在中国民族史上占有重要地位。

4. 南方与西南地区的民族融合

三国时期，诸葛亮治蜀，对西南地区各少数民族采取"抚"的政策，即"南抚夷越"，改善同他们的关系，积极发展当地经济，加速了西南少数民族的封建化，出现"纲纪粗定，夷汉粗安"的局面。

三国时期，吴国境内还散居着一些越族人，他们在南方山区过着农耕生活，孙吴征服、招降和笼络越族，他们和汉族人共同开发南方。由于长期民族融合，他们与汉族在生产和生活方式上已很少有差别。

魏晋南北朝时期，大批中原人口南迁，尤其是今天江浙地区接纳南渡移民最多，四川、湖北等地也有很多中原人口南下定居，这在客观上促进了民族的融合。

第二节　秦汉魏晋时期与各国的交往

■ 与中亚、西亚诸国的交往

1. 大月氏与贵霜王朝

大月氏人最初居住在中国西部的敦煌、祁连山一带。公元前二世纪初被匈奴击破，西迁至中亚阿姆河流域，有众40万，胜兵10万，并于前126年统有了大夏国，迁都阿姆河南的蓝氏城，成为中亚强国。在它攻灭大夏前二年，西汉使者张骞曾专程来访，但此后若干时期，大月氏与中国王朝来往不多。至公元前1世纪中叶，大月氏五翕侯之一的贵霜翕侯丘就却攻灭其他诸部，建立了强大的贵霜帝国，它与中国王朝的接触也日渐增多。公元78年，班超到西域不久，就与贵霜建立了正式联系。嗣后六年，班超攻疏勒半年不下，康居国又派出精兵援救疏勒，贵霜在班超的要求下，劝康居撤回了援兵。贵霜并提出要以重礼聘娶汉朝公主，但未能如愿。公元89至90年，窦宪大败北匈奴，贵霜势力想乘机进入西域北部，取代匈奴的地位。

▲ 班超像

公元90年5月,贵霜副王谢亲率七万大军越葱岭进入西域,为班超所败。此后,贵霜势力不断南下,很快便据有了恒河流域。但对东汉王朝却是"岁奉贡献",保持着友好关系。

2. 大 宛

大宛为中亚古国,约在前苏联费尔干纳盆地,都城贵山城,即前苏联塔吉克加盟共和国的列宁纳巴德,是一个较发达的亦牧亦农国家,盛产稻麦,葡萄酒,且多良马,以汗血马为著。所属城邑70余,人口数十万,是中国通往西方的枢纽。张骞第一次出使西域时便到了大宛,沟通了两国关系,并且由大宛国王派专人引导至康居、大月氏诸国。张骞第二次出使西域时,遣副使访问了大宛,并与大宛使者一并返回汉朝。公元前104年,汉武帝派专使到大宛,愿以千金和金马换取大宛的汗血马,被大宛拒绝。大宛又依附匈奴,劫夺过路汉使财物,杀戮汉使,武帝任李广利为贰师将军,率军大举远征大宛。第一次出征,未至大宛,便被郁成国击溃。公元前101年,李广利再次西征,围困大宛城四十天,大宛被迫求和。汉朝取其良马数十匹,中马以下3000匹,又杀旧王,改立新王,并使其遣子弟至长安为质,与之结盟而还。这次远征虽然保障了中西陆路交通的畅通,但也给大宛和汉朝人民带来了沉重的灾难。两汉之交,大宛一度被莎车所并,后复独立,仍与东汉有着比较频繁的往来。东汉后期,关系渐渐疏远。

3. 康 居

康居,分布在锡尔河下游及其以北地区(前苏联撒马尔罕一带),为古伊兰人建立的中亚国家,其国在大宛西北约2000里,西汉时有户12万,口60万,胜兵12万人,亦有人认为它就是古代花剌子模或花剌子模的一部分。张骞第一次出使西域时也到达了康居国。第二次出使西域时,遣副使抵康居,并与康居使者返回汉朝。此后,康居与西汉王朝建立了友好关系。宣帝时代,匈奴郅支单于杀东汉使者,势力进入康居，康居王把女儿嫁给郅支单于。不久，郅支与康居王发生冲突，康居王女及诸贵人被杀，郅支控制了康居，并侵凌大宛、奄蔡等国，危及了西汉对西域的统治。公元前36年（元帝建昭三年），西域副校尉陈汤矫诏发西域诸国兵4万伐郅支。在康居土著酋长的协助下，顺利地攻下郅支城，斩单于。从此，康居国又恢复了与汉王朝的友好关系，西域都护常遣使节至其国中。成帝时，康居王又遣子入侍。至东汉时代，康居仍与汉频频往来。班超在西域的军事活动就曾使用康居军队。斯坦因在古楼兰遗址中发现了许多古宰利文木简，这种文字是"西元后起初几世纪流行于今撒马尔罕和布哈拉地方的古康居国一带的文字"。这说明东汉王朝与康居国有着频繁的交往。

4. 安　息

汉人称今天的伊朗一带为安息。秦汉时代，正是伊朗历史上的帕提亚时代，这一王朝的建立者阿尔萨息，被当时的中国人译为安息，故又径称其国为安息国。汉武帝时，安息国在密斯利得斯二世统治下，国势强盛，领有妫水之西、黑海之南的广大地区，是东西交往的枢纽。张骞第一次出使西域时，便对安息作了比较全面的了解。已知道安息在大月氏西约千里处，拥有大小数百城，地方数千里，北接康居，西连条支，东面乌弋山离，商贾车船行于邻国。公元前119年，张骞第二次出使西域时，遣副使出使安息，安息王遣将率二万骑迎于东界，又发使随汉使节至汉，并赠大鸟卵（鸵鸟蛋）及犁靬眩人于汉。此后汉王朝与安息帝国建立了正式联系，安息国在汉王朝与西方世界交往中充当重要媒介。东汉王朝建立后，继续与安息国保持着友好关系。章帝章和元年（公元87年）安息王佛罗格斯二世遣使到中国，并赠送狮子、符拔（独角兽）。和帝永元九年（公元97年），甘英西使大秦时，即至安息西界而返。永元十三年（公元101年），安息王满又遣使至中国，并赠送狮子及条支大鸟（时称安息雀）。世传安息国太子安世清，曾长期居住中国（148 年到中国），博通汉文与梵文，译出佛经 39 部，为中西文化交流作出了贡献。由于中国与安息的友好关系，通过安息的丝绸之路就格外兴盛，许多商人沿着这条路把罗马帝国的青铜器、玻璃器、酒、油，特别是黄金，从高卢运到中亚、中国与印度，来换取丝绸、象牙、香料与宝石，促进了中西间经济交流。当时中国与安息只有陆上交通，海路尚未开通。

■ 与朝鲜半岛的交往

1. 卫满入朝与两国人员往来

秦汉时代，朝鲜半岛正处在阶级社会形成与国家建立的阶段。朝鲜半岛北部有传说中的箕子后裔箕准称王，后被卫氏取代。公元前后，半岛东北部的咸镜北道居住着沃沮，东海岸的咸镜南道居住着当地人，半岛南部又有马韩、辰韩、弁韩三个部落联盟，它们都与当时的秦汉王朝有着密切的关系与交往。

自古以来，中国与朝鲜半岛地区间的人口迁徙就十分多见。至陈胜起义爆发后，"天下叛秦，燕、齐、赵民避地朝鲜数万口"，朝鲜王准置之于西部，他们带去了先进的农业生产技术与铁器等生产工具。西汉初年，燕王卢绾叛汉入匈奴，燕人卫满率千余人渡浿水往依箕准，准拜其为博士，封地百里，后满取而代之，自立为王，都王险城（即今平壤），史称卫满朝鲜。卫满朝鲜时代，它与汉朝的人员往来更加频繁，中国人依然不断地徙往朝鲜，史称卫满之孙右渠时，"所诱汉亡人滋多"。朝鲜居民亦不时有移徙中国地区者，公元前 128 年（武帝元朔元年）涉君南闾就曾"率二十八万口诣辽东内属"。两地间的人口交流直接促进了中朝人民的经济交流与联系。

2. 西汉武帝与卫氏朝鲜

卫氏朝鲜立国之初，与汉保持着密切的友好关系，汉惠帝与高后朝，辽东太守约卫满为外臣，并与之相约，使其"保塞外蛮夷，毋使盗边"。至武帝朝，值卫满孙右渠为王，武帝以其"未尝入见"，于元封二年（公元前109年）秋，遣楼船将军杨仆，左将军荀彘分两路进攻右渠，右渠率兵抵抗，汉军屡败，最后由于卫氏统治集团内部分裂，右渠为臣下所杀，卫氏朝鲜亡。武帝在其统治区内设置真番、临屯、乐浪、玄菟四郡，后渐以弛废。这一时期，中国王朝与卫满朝鲜的交往十分频繁，在故卫氏朝鲜范围内，多次出土西汉时代的铁器、铜器、漆器与丝织品，表明中国与朝鲜半岛密切的经济文化联系。

▲ 汉惠帝刘盈像

3. 辰韩、弁韩、马韩与东汉王朝

西汉时代，朝鲜半岛南部存在着辰韩、弁韩、马韩等部落联盟。至东汉时代，三韩开始向阶级社会过渡，并开始与汉王朝建立联系。马韩人此时已知道种田、养蚕、织布，住草室土屋，与汉人接触较多，受汉化影响较大，其丹支部酋长称辰王，名义上是三韩的大君长。辰韩又称秦韩，相传秦朝人逃避徭役，逃亡到半岛东南部，与当地土著居民融合在一起，经济文化水平较高，人民种五谷，养蚕，织缣布，能制造铁器。弁韩最小，经济、文化比较落后。东汉初年，三韩廉斯人苏马提曾至东汉乐浪郡贡献，光武封之为汉廉斯邑君。至灵帝末，诸韩渐盛，而东汉所制郡县之民，苦于战乱，多流亡入韩。在东汉王朝的强烈影响下，三韩没有向奴隶社会发展，而是模仿汉族的剥削方式和政治制度走上了封建化的道路。

东汉时代，朝鲜半岛东北部与东海岸的沃沮等当地人与东汉有着友好的往来关系。沃沮等当地人使节常至东汉朝廷,当地特产文豹、果下马及海斑鱼亦多由其使节携至,促进了双方的经济文化交流。

■ 与日本列岛的交往

1. 徐福东渡的传说与秦汉时代的归化人

徐福东渡的记载最早见于《史记》一书,《史记》卷六《秦始皇本纪》记道:"齐人徐福等上书言海中有三神山,名曰蓬莱、方丈、瀛州,仙人居之,请得斋戒,与童男女求之。于是遣徐福发童男女数千人,入海求仙人。"《汉书·伍被传》则言:秦始皇使徐福"率男女三千人,五种百工而行,徐福得平原大泽,止王不来"。但徐福东渡的终止地则史焉不详。唐宋以后,中日双方多认为徐福是抵达了日本,现在日本的和歌山县就保存有徐福之墓,还有固定的祭祀。近代以来,又有不少学者对此提出疑问。不过,不论徐福当年是否东渡日本,秦汉时代确有大量中国居民迁居日本。日本人类考古学中将这一部分人称为"归化人"。根据日本发现的上古金属器具遗物,考古学者们推断,从公元前3世纪起,日本已有汉族归化人。大正年间(1911—1923年),日本西南海岸出土了大量的铜铎、铜剑等,与中国大陆及朝鲜出土的极为相似,有的甚至完全一致,这是公元前3世纪至前1世纪时的器物,其制作者多是大陆归化人。1958年,日本九州岛东南的种子岛出土了一批陪葬物,其中一些装饰物上写有汉隶或刻有汉代爬虫纹样的图案,由此可以推言,从战国后期至汉代,一定有不少的中国人向日本列岛移民,成为当地的归化人。对于汉族归化人的活动,日本记载颇多。日本第一部史书《日本书纪》记道:"应神天皇十四年(公元2世纪左右)融通王弓月君率秦人来归","应神天皇二十年,又有倭奴直祖阿知使主,其子都加使主并率己之党类十七县而来归焉。"9世纪成书的《姓氏录》甚至著录弓月君为秦始皇五世孙,阿知使主为汉灵帝三世孙等等,这皆可与地下出土文物相印证。大量的大陆居民移居日本，为当时的日本社会带去了先进的生产技术与劳动工具，其中尤以丝织技术的传入最为突出，并且，归化人的大量涌入也对日本国家的形成与建立产生了较大影响。

2. 两汉王朝与日本的交往

西汉时代，即有了比较可靠的与日本交往的记载。《汉书·地理志》记道："乐浪海中有倭人，分为百余国，以岁时来献见。"两国始通时间当在武帝设置乐浪四郡后，故《后汉书·东夷传》称："自武帝灭朝鲜，使驿通于汉者三十余国。"武帝以后，汉王朝继续与日本诸国（诸部落）保持着友好关系。新莽时代，中国货币已较多地流入日本。丝岛小富士村海边遗址中就出土有王莽时代的货泉等物。东汉建立不久，日本的倭奴国于公元57年（建武中元二年）"奉贡朝贺……光武赐以印绶。"此印1784年在志贺岛出土，印文为"汉委奴国王"。至公元107年（永初元年），"倭奴王帅升等献生口百六十人"。这也是日本居民较早流入大陆的记载。桓灵之际，日本列岛战乱频仍，邪马台国兴起，东汉与之关系暂时中断。

■ 与东南亚各国的交流

1. 铜鼓文化的流传与南海洋流

公元前7世纪前后，居住在云南高原上的濮、僚等部落，汲取中原与蜀中地区先进的青铜铸造工艺，在过去的陶釜与铜釜的基础上开始制作作为乐器的青铜铜鼓。在战国秦汉时代，铜鼓制作迅速发展，铜鼓纹饰多姿多彩，既有形象的画面，又有抽象的几何图案，其中以太阳纹、云雷纹、水波纹、山形纹、舞纹、船纹最为普遍，铜鼓形制也出现了万家坝、石寨山、冷水冲、遵义、麻江、北流、灵山、西盟等8个类型。铜鼓不仅在国内扩大到东南的百越，西南的川黔，而且还传布海外。在东南亚、南亚与西南太平洋地区形成了一条铜鼓文化的传播带。

考古发掘证明，源于云南高原的铜鼓，发展为型制较为稳定的晋宁石寨山型以后，分北、东、南三路逐渐外传，其中以东、南二路最为重要。东路沿南北盘江入红水河（古牂牁河），直下广东入海；或经句町、夜郎地区，向东推至广东的云浮和阳江，东南达海南岛，南传越南等地。南路自云南往南，缘元江（红河）穿过越南北路入海。铜鼓南经具有青铜文化基础的红河三角洲，在骆越人手中获得较为充分的发展，出现了东山铜鼓。这一地区又成为中国铜鼓外传的重要枢纽。铜鼓文化又由此传播至柬埔寨、马来亚、印度尼西亚的苏门答腊、甘尼安、土瓦等岛以及新几内亚的奎岛等地。

铜鼓外传的路径与这一地区季风洋流的活动规律一致。东南亚与中国南海介于太平洋与印度洋两洋季风的交替区，冬十一月至十二月间多行北风，夏五、六月间多为南风，而南中国海与爪哇海底，又有完整的南北分流的河道系统，因此在这一水域就形成了单纯的季节性季风洋流。为这一地区的人们的海上交往提供了便利，使中国铜鼓文化有可能远播海外。西汉武帝时代由官方船只开辟的南海航线，大致与铜鼓文化流传的走向相似，也是利用了这一地区的季风洋流条件。

2. 秦汉与越南地区的关系

越南地区与中国很早就产生了经济文化的交流与联系，秦汉时代进一步加强。秦统一过程中，就与越南北部的雒越人有了直接接触；秦汉之际，秦派往南海的地方官赵佗建南越国，把处于部落联盟阶段的雒越人分为交趾、九真两郡；汉武帝时，又分其地为交趾、九真、日南三郡，并分别委派太守，东汉时代，一仍其旧。这样，中国的先进技术与文化源源不断地传入这一地区。南越政权阶段，就有不少铁器与牲畜传到越南，后汉任延为九真太守时，又传入牛耕，并令"铸作田器，教之垦辟田畴，岁岁开广，百姓充给"。促进了越南北部的进一步发展。不过，东汉王朝在这一地区的统治，与新兴的雒将等剥削者及当地人民存在着种种矛盾。公元40年，雒将诗索被交趾太守所杀，其妻征侧与妻妹征贰发动了"二征起义"，并自立为王，东汉政权派马援平息了这场事件后，一方面强化统治机构，另一方面又利用雒越的习惯法，对雒将也较为礼遇，并且继续兴修水利，穿渠灌溉，这在客观上促进了越南北部地区与中国的经济文化交流。此外，越南南部以及柬埔寨等地区也不同程度地受到了中国经济文化的影响。

3. 秦汉与马来半岛、印尼列岛的交往

马来半岛与印尼列岛在秦汉时代尚处在原始社会阶段，但当地居民已直接或间接地与中国居民产生了交往与联系。马来半岛上就发现有公元前3世纪以来的中国青铜器，有些学者还以为汉武帝的南海航线上中国船队的重要抛泊港皮宗，就是马六甲海峡中的"毗宋屿"，位于今新加坡西南。今新加坡国家博物馆内还陈列有一件典型的"汉代罐鼓"，这对中国与马来西亚半岛的交往具有重要的意义。

印尼列岛居民也是在公元前3世纪以来，与中国有了较多的联系，在爪哇等地发现过许多汉代的中国陶器，中国青铜工具与铁工具技术也相继传入这一地区。印尼史学家卡连弗尔斯曾指出："公元前数世纪，制造青铜工具的技术，从中国南部（尤其是云南）和印度支那传入印度尼西亚。"另一位印尼史学家维明也指出："铁器加工技术从中国南部经过越南东京而传入印度尼西亚。"印尼列岛中的爪哇等岛屿，西汉以来一直是中国南海航线中官商船只的重要抛泊地。

第三节　秦汉魏晋时期的外交管理制度

■ 秦朝的外交制度

中国的皇帝制度创于秦始皇。从秦朝起，皇帝拥有至高无上的权力，皇帝就是国家，国家属于皇帝。国家利益，说穿了就是皇家利益。任何国家对外政策是以国家利益为基础的，在封建专制社会，就是以皇家利益为基础的。纵观自秦至清两千多年的封建君主专制，说对外政策是为统治阶级或剥削阶级服务的过于笼统，说是为民族利益服务的更不科学。

在封建社会，民族利益与皇家利益有一致的时候，但这并不能掩盖皇家利益高于民族利益的事实。实际上，"六合之内，皇帝至上"。国家是皇帝的私产。由此可见，封建君主制度下的国家利益与皇帝利益是一致的，而国家利益与民族利益却不尽相同。封建政权的对内对外政策，都是以皇帝利益为基础的。

▲ 秦始皇像

秦朝，皇帝既是国家元首，又是行政首脑，还是军队总指挥，内政外交一切政务皆由皇帝总揽，"天下事无大小皆决于上"（《史记·秦始皇本纪》）。皇帝的喜怒哀乐，直接影响对外政策的制定，主可怒而兴师至战，亦可喜而柔远和亲。秦始皇统一中原后，本应与民休息，安国图强，但他随心所欲，好大喜功，发三十万军队北击匈奴，发五十万人修筑长城，再发五十万军队南征诸越，害得天下"财匮力尽"，"内外骚乱"，最后使秦"二世而亡"，足见封建社会对外政策的制定存在着制度上固有的缺陷和弊端。

秦设丞相一职，只是皇帝的参谋，丞相只能打着"以皇上社稷江山为重"的旗号劝说皇帝，对外决策权仍然掌握在皇帝手里。相卿等重臣也参与谋策。

秦朝建立了"百官之职"，对外决策机构是以皇帝为主的三公体系。三公都是皇帝的协理，他们是丞相、太尉（军事）、御史大夫（掌群臣奏章）。对外具体事务的分工是：

奉常：掌礼仪。

典客：掌民族事务与诸侯朝聘。

典属国：掌边疆属国（"蛮夷降者"）。

秦朝是短命的朝代，对外交往来不及全面展开。史书没有明显介绍过秦正式派遣使节到境外，秦始皇命徐福、卢生入海，只是为求得仙丹妙药，而无政治动机。

■ 汉朝的外交制度和外交机关

汉承秦制。秦朝统一中国，汉朝进一步巩固扩大疆域，建立起多民族的封建大帝国。公元2年，西汉疆界东西9302里，南北13368里，人口近6000万。汉初分封异姓诸侯王，只是对楚战争一种权宜之计。诸侯拥兵据地，"制同京师，皆如朝廷"。但汉朝汲取了周朝大分封而产生分裂的教训，经过几代人的"强干弱枝"，才把异姓和同姓诸侯的权力收归中央，避免了周朝分封制下"众国林立"的局面。汉朝外交有三层含义：

1. 汉朝同周边少数民族政权的关系（如西南列夷、夜郎侯、滇王等，西域三十六国、匈奴、鲜卑、东胡等）。

2. 汉朝同境外亚洲邻邦的关系（如倭国、朝鲜、高句丽及三韩、安息、身毒、扶南、已程不、黄支等）。

3. 汉朝同罗马帝国的关系，即早期的中西方关系。

由于交通工具不很发达，汉朝政治外交以前两层含义为主。而这两层含义在当时并没有严格的区别，因为第二类关系国除安息、身毒地区以外，其他邻国都在汉文化圈内，并受汉朝封赐。汉皇帝封倭国一部为"汉委奴王"，封高句丽统治者为"侯"，这与汉朝封夜郎国、匈奴、西域诸王以王侯地位是没有太大区别的。汉朝同邻国这种松散的宗主与藩属的关系，我们称之为"宗藩关系"。

汉朝内政外事的终决权掌握在皇帝手里。丞相（东汉尚书令）是皇帝的总管家，佐天子"外镇抚四夷诸侯，内亲附百姓"，重大对外政策，丞相参与制定。九卿之中，太常（秦称奉常）职掌礼仪，兼有外交官性质。礼官大鸿胪的官职在汉武帝太初元年（公元前104年）正式定名，此前沿秦之制称"典客"，汉初再改称"大行令"（张骞任过此职）。大鸿胪一职一直沿续到清朝，主管"四夷"事务及朝廷迎送礼节。又因为汉的地方行政采用郡县与封国并行的制度，凡郡、国到京师的官员也都归大鸿胪负责接待。担任过大鸿胪的有田千秋、萧望之等（王莽当政时改大鸿胪为"典乐"）。汉初设典属国（苏武等在被匈奴囚禁19年后，获释回朝，被任为典属国，冯奉世出使大宛后也担任此职），掌管臣属于汉帝国的小国，成帝时并入鸿胪。大鸿胪一职下属有行人（或叫大行令）、译令、邸长、主客等官职。

九卿少府机构中有两个部门是涉外机关，一是尚书令下属的"客曹"，掌外国夷狄事务，东汉时分客曹为二：南主客曹与北主客曹；二是黄门令丞（东汉时称黄门侍中），亦管"赐贡"贸易，黄门之下有译长，是具体执行对外贸易的官员，从名称可以看出此官必懂外语。《汉书·地理志》云："有译长，属黄门，与应募者俱入海市……"

九卿还有光禄勋府（前称郎中令），下属众谒者中，有专管把帝王命令传达属国者（终军18岁任此职）。

汉朝的使节制度较为复杂。出使官员的地位依所往国的重要性和出使目的而定，使官不一定在大鸿胪下。例如终军以谏议大夫身份出使南粤，苏武以中郎将出使匈奴，唐蒙也是以中郎将出使夜郎，张骞以待郎身份出使西域。使者持节，但持节者不一定就是使官，传令官、边境地方官和远嫁的公主也都持节。外出的使节不一定是中央政府直接派出的，如甘英出使大秦（未遂）是西域都护班超派遣的，冯嫽初次出使西域各国，持的是乌孙国王后（汉公主）的节。外交使团的规模也因事情大小而定，班超初使西域带36人；张骞二使西域，带去三百多人；唐蒙使夜郎，"将千人，食众万余人"。简直是重兵压境，难怪夜郎侯立即归附。汉朝正使出访后有权派遣副使及随员分别前往他所认为可以交往的国家，张骞、郑吉、班超都行使过这种权力。

▲ 苏武牧羊图

汉朝外交活动，中央统得不死，边陲郡国，如西域都护府、南海郡、交趾郡都在对外政治、经济事务中保留了相当程度的外交自主权。这是古代交通不便的原因所致。

汉朝所说的"西域"，不是一个很明确的地理概念。这在后人理解西域时发生了一些误会。综合各种场合下出现的"西域"一词，有三方面的含义：

1. 汉朝版图内的实际统治区，包括今新疆全境和中亚巴尔喀什湖以南吉尔吉斯、塔吉克地区，即西域都护府管辖的诸郡国。我们称之为"汉西域"。由于汉朝与匈奴长期争夺这片地区，史书载：西域与汉"三绝三通"。

2. 中亚汗国如大月氏、大夏、康居以及安息、条支的波斯湾地区，这些地区除安息和条支一直同汉朝友好相处之外，其他游居的民族政权都同汉朝发生过战争和冲突。

3. 广义上的西域还指身毒（印度）及罗马帝国统治的东部地区，即大秦。这主要是张骞、班超等不熟悉远方地理的缘故造成的，而汉朝最高统治阶层更不了解"西方"更远的地方情况，派往西域的官员和使节把他们听说过的国外风情传到国内时，国内就误认为这些地方也在西域附近（参见《汉书·西域传》）。这样，史书中的"西域"包括了南亚、西亚等地。

汉宣帝神爵二年（公元前60年），汉设置西域都护府，郑吉为西域都护，辖西域三十六国。该都护与郡王平级。汉西域都护是汉朝一个特别行政区，这是汉使者张骞、傅介子、冯奉世等人长期外交努力的结果。西域尽管与汉"三绝三通"，但长期在汉朝的有效统治之下。

汉朝南交趾长官也有一定的外交自主权。南越七郡统称为交趾，长官称交趾刺史（汉献帝时改称交趾牧），代表汉朝管辖南越七郡。由于远离京城，交趾刺史和七郡郡守分掌汉朝同东南亚、南亚古国的贸易。南海郡（广州）是当时亚洲地区最大的贸易中心之一。交趾诸郡不断派贸易团队，入南洋交换物产，然后把海外商品及珠宝珍奇运往京城。这些贸易十分危险，难免遭"风波溺死"，还会遇海盗"剽杀人"。

汉代西域都护区和交趾地区之所以能享有部分对外决策权，客观原因是由于中央与边境地区相距甚遥，不宜事事出之中央，主观上是强大的汉朝有实力保障地方政权不致离心向外。

与外族外国交往，有语言不通，饮食习惯各异的困难，汉政府有两个部门解决这两个问题。

鸿胪之下有"译官"：王先谦《汉书补注》说："《尚书大传》：周成王时，越裳氏重九译而献白雉。故以官名。"周堪曾在宣帝时为译官令（见《汉书·儒林传》）。

少府之下有"别火"：《汉书·百官公卿表》曰：武帝时"初置别火"。火，火食也。《礼记·王制》曰："东方曰夷，被发文身，有不火食者矣。"别火一职，是从少府中分出来，专掌来朝"蛮夷"因饮食习惯不同而别开火食的官员。别火必须熟悉各国的饮食习惯，以便让外国使者有宾至如归的感觉。

■ 魏晋南北朝的外事体制

从东汉灭亡（220年）到隋统一中国（589年）的三百七十年中，中国除西晋短

▲ 刘备像

暂的统一以外，基本上处于封建割据的分裂状态。各割据政权外事工作的任务有同中国国内其他政权的交往，也有同海外的往来，在当今看来，这两项任务的界线不很明显，如曹魏政府册封日本为"亲魏倭王"，封月氏为"亲魏大月氏"。同样也封孙权为魏属"吴王"，南北朝时代魏同少数民族（如柔然）政权的交往和同朝鲜的交往也没有太大区别。

秦汉两代的政治制度对历代封建统治者都有重大影响，外交活动，事关国之存亡，决策权始终在最高统治者——皇帝手里。三国初，魏、吴两国最高执政者对外事控制最严。曹操、孙权都有雄才大略，天下大事，手下谋士之言顺耳则听，逆耳则废。蜀汉帝刘备，才能不及曹操、孙权，外事决策多由诸葛亮谋划筹理，刘备对诸葛亮的外交策略并不能完全理解，他的行动证明他喜欢凭感情行事，从赤壁之战到占领益州，几乎大小计策尽出自诸葛亮之口，刘备不能说不妒嫉诸葛亮之才能，甚至不服气。关、张死后，刘备意气用事，准备进攻战略上的盟邦——吴国，诸葛亮力劝无效。为何无效？刘备与其说报复孙吴，还不如说有意做出一点事情打击诸葛亮的威信。夷陵之败，刘备的虚荣心被彻底击垮，又假惺惺以"托孤"之名把内政外交大权一并交给诸葛亮，但又担心诸葛亮会篡夺刘氏基业，说必要时亮可废后主而代之，见诸葛亮发誓辅弼刘氏，刘备才安心瞑目。

三国时代外交执行部门，魏、蜀皆承汉制，尚书令中客曹尚书，掌四夷事务、国外朝贡等事项。九卿自秦汉以来，相沿已久。曹魏（后来晋朝亦同）沿置大鸿胪，掌外交礼节，迎送宾客。三国之间出使之官，因外交事件的急缓而定，鲁肃、诸葛亮曾亲自出使。亮为丞相，往吴专使为邓芝（尚书）、陈震。魏设客馆令，掌朝觐聘问。

两晋南北朝时期政局不稳，皇权卑落，政出多门，权责不专。晋设鸿胪卿，统大行、典客、少卿、主簿管官，专掌导护赞拜。晋又设典客令，参与外事管理。北魏时洛阳设有"四夷馆"，"自葱岭以西，至于大秦，莫不款附"，在此以前，外国使者来到中国所住之地，无一定说。"四夷馆"在典属国之下，起古代"国宾馆"和"使馆"的作用。南齐时谒者一职不掌报章传达，专主朝觐宴飨之仪。北齐鸿胪寺置卿、少卿各一人，统典客、典寺（佛寺）等署令。北周秋官设宾部、中大夫等官，均管外事工作。

第二章 秦汉魏晋时期的外交

第四节　秦汉魏晋时期的著名外交家

■ 郦食其使齐受烹

郦食其是秦朝陈留高阳乡（位于今河南省杞县西南）人，爱好读书，性格狂放。秦朝末年，各地反抗秦朝暴政的斗争风起云涌。郦食其纵观起兵反秦的天下豪杰，认为只有沛公刘邦能成大业。

秦二世三年（公元前 207 年）二月，刘邦率军路过陈留。郦食其经人引荐投奔刘邦，当时，他已经六十多岁。刘邦向来看不起读书人，他召见郦食其时坐在床边让两个侍女替他洗脚。郦食其见此情状，不仅没有向刘邦行拜礼，反而批评他不该对长者这样傲慢无礼。刘邦看出郦食其气度不凡，连忙起身请他上位就坐，向他赔礼道歉。不久，郦食其说服其友人陈留县令（其名不详）归附刘邦，以功被授予广野君称号。

汉王三年（前 204 年）夏秋之交，大将军韩信率部攻占赵国后，奉命领兵转攻齐国。郦食其认为韩信数万大军未必很快就能攻下方圆千里的齐国，请求去游说齐王田广归附。汉王刘邦随即派遣郦食其出使齐国。

郦食其拜见齐王田广时问道："大王知道当今天下人心归向吗？"

齐王回答说："不知道。"

郦食其说："大王若知道天下人心归向，齐国还能保住，如果不知道天下人心归向，齐国就不能保全了。"

齐王问道："天下人心归向何处？"

郦食其说："归向汉王。"

齐王不解地问道："先生凭什么能下这样的断语呢？"

郦食其说："当初，义帝举兵北伐时曾同众将约定，先攻入咸阳的将领封为王。沛公领兵先攻入咸阳，项羽却仗恃其兵力强大自称楚王，而把沛公封为汉王，打发他去汉中。不久，楚王背盟杀死义帝，失去人心。楚王贪财专权，不肯奖赏有功将士，天下贤人都不愿为他效劳。如今汉王广纳人才，领兵东出函谷关，攻占三十二座城邑，占据敖仓粮库，形成收拢天下之势。汉王得到财物皆分给兵士民众，天下人都拥护他。大王可要看清这一形势，早日归顺汉王，这样齐国江山才可以保住。如果迟迟不肯归附汉王，危亡的日子恐怕很快就会到来了。"

齐王田广认为郦食其说的很有道理，便接受他的建议，答应依附汉王刘邦。齐王下令撤除历城（位于今山东省济南市）防务，成天陪伴郦食其饮酒。

此时，韩信率军抵达平原津（黄河北岸渡口，位于今山东省平原县西南）。他得知郦食其已经说服齐王归附，不准备再渡河去攻打齐国。韩信的谋士蒯通（又名蒯彻）建议说："将军是奉汉王之命进攻齐国的，难道汉王有令要将军停止前进吗？郦食其不过是一个普通的书生，仅凭三寸不烂之舌说服齐王。难道降齐的功劳应当归于他吗？将军应当继续执行汉王之令，率领大军攻占齐国。"韩信转而采纳蒯通的计谋，率军连夜渡过黄河，进攻齐国。

齐王田广听说韩信率领汉军攻杀过来，大吃一惊，怀疑郦食其欺骗他，非常恼火。他不肯顺势向韩信投降，怒气冲冲地对郦食其说："你如果能制止汉军进攻，我就让你活；不然的话，我就要烹死你！"

郦食其无力阻止韩信大军锐不可当的攻势，未作任何辩解，毅然回答齐王说:"干大事的人不拘泥于小节,讲诚信的人不考虑别人的责难。我不会替你去说什么!"

齐王田广听郦食其这么回答怒不可遏,当即下令将他投入滚滚的开水锅中,活活煮死。

■ 张骞脱身通西域

汉武帝即位(公元前141年)后,匈奴(西汉北方游牧国家,单于庭位于今蒙古国乌兰巴托)骑兵经常南下侵扰西汉北部边疆,甚至深入河南(位于今内蒙古河套以南地区)、朔方(位于今宁夏区银川市至陕西省壶口一段黄河流域地区)地区抢劫杀人。汉武帝深为匈奴边患而忧虑。汉军抓获的匈奴俘虏供称:"匈奴骑兵攻破月氏,以月氏王的头颅骨作为盛酒具饮酒。月氏部族逃遁远方,非常怨恨匈奴,找不到盟国与之共同抗击匈奴。"汉武帝听说后,决定派大臣出使月氏,与月氏联络结盟,共击匈奴。

从汉朝到月氏,中途必须经过匈奴辖境,路途遥远而又险阻,汉朝廷决定挑选勇士担当此任。侍郎(皇帝侍卫官)张骞应召入选。汉武帝命张骞率团出使月氏。

西汉建元二年(公元前139年),张骞率领一百余名随从人员,以匈奴人堂邑父为向导,从京都长安(位于今陕西省西安市)出发至陇西郡(治所位于今甘肃省临洮县),由陇西西行,

▲ 张骞出塞图

寻找并出使月氏。

张骞一行经过匈奴境内时，匈奴人将他们抓捕，押送到军臣单于那里。军臣单于听说张骞一行出使月氏大为恼火，对他们质问道："月氏在我国的北面，汉朝怎么能派使臣出使呢？我想派使臣出使南越，汉朝能听任我这样做吗？"军臣单于下令将张骞一行扣留。张骞知道单凭他们这一百多人马不可与匈奴硬行对抗，只好听任匈奴人安排，并打算伺机逃走。张骞娶匈奴女人为妻，并生下儿子，故意造成安居匈奴的假象。其实，他在匈奴羁押期间，一直把汉朝廷授予他的符节（用金属、玉等器物制作的外交使臣的凭证）珍藏在身边，没有忘记肩负的使命。

匈奴人将张骞扣押十多年后，放松了对他的监视。张骞瞅准机会，率领其部众逃出匈奴，继续西行。走了几十天后，张骞一行到达大宛。

大宛国王早听说汉朝物产丰富，想同汉朝交往而没能实现。大宛王见到张骞后非常高兴，问他要到哪里去。张骞告诉大宛王，他们奉汉朝天子之命出使月氏，被匈奴人扣留十多年，刚刚才从匈奴逃出来。张骞请求大宛王派人给他们引路去月氏，许诺完成使命返回汉朝后，将赠送给大宛王贵重财物。大宛王欣然同意。于是，张骞一行在大宛人的引导下，很快到达康居，再由康居进入大月氏。

当年，大月氏王被匈奴杀死后，大月氏王的夫人继位为王。之后，大月氏出兵征服了大夏，大夏向其称臣。张骞抵达大月氏时，大月氏国内局势比较安定，没有对匈奴复仇之意。张骞向大月氏君臣说明来意，他们以离汉朝遥远，没有同意同汉朝结盟。

张骞等人在大月氏、大夏住留一年多时间，大月氏君臣一直不愿同汉朝结盟以抗击匈奴。张骞一行只好取道回国。为了避开匈奴人拦截，张骞等人没有从原路返回，而是沿着南山（即今祁连山、阿尔金山）北麓东行，想从羌人居住区经过，返回汉朝。不料，他们在途中再次被匈奴人抓住。张骞等人又被匈奴人扣留一年多。张骞意志坚强，始终没有向匈奴人屈服。

元朔三年（公元前126年），匈奴军臣单于去世，其弟左谷蠡王伊稚斜击败太子于单，自立为单于。张骞乘匈奴内乱之机，带着匈奴妻子和堂邑父逃回汉朝。

张骞此次出使大月氏，同时访问了大宛、大夏、康居等国，往返均被匈奴人扣留，备受磨难。当初，使团出发时的一百多人大多已亡故，最终只有张骞和堂邑父二人回到长安。

张骞将出使西域的情况及沿途所见所闻向汉武帝详细奏告，受到汉武帝高度赞赏。汉武帝提任张骞为太中大夫（皇帝侍从顾问官员），封堂邑父为奉使君。后来，张骞奉命第二次出使西域。

■ 班超出使西域

班超，字仲升，扶风人，生于汉光武建武八年（公元32年），是大文豪班彪之子。班彪有二子一女。长子班固，是东汉史学家，《汉书》的作者。女儿班昭，是著名的有"续史才华"美称的才女。班超也喜欢读书，但较哥哥更爱骑射。班超长得魁武，膂力过人，武艺练得十分精湛。

班超一生的伟绩，是沟通了塔里木盆地南北两条通往葱岭的大道。

班超出使的第一站，是来到鄯善（今新疆罗布泊东南）。鄯善是受匈奴控制的小国。班超带到鄯善去的，总共只有36名经过精心挑选的壮士。初抵鄯善，鄯善王对他们很尊重，殷勤招待，似有意重行归顺中国。几天后，北匈奴的使臣到来，鄯善王对班超等人的态度就慢慢冷淡了。

班超找36个随行人员商议："卿等跟随我班超来此异域，无非是想为国家立功，现鄯善王心怀二意，畏敬匈奴，轻视汉朝，说不定他

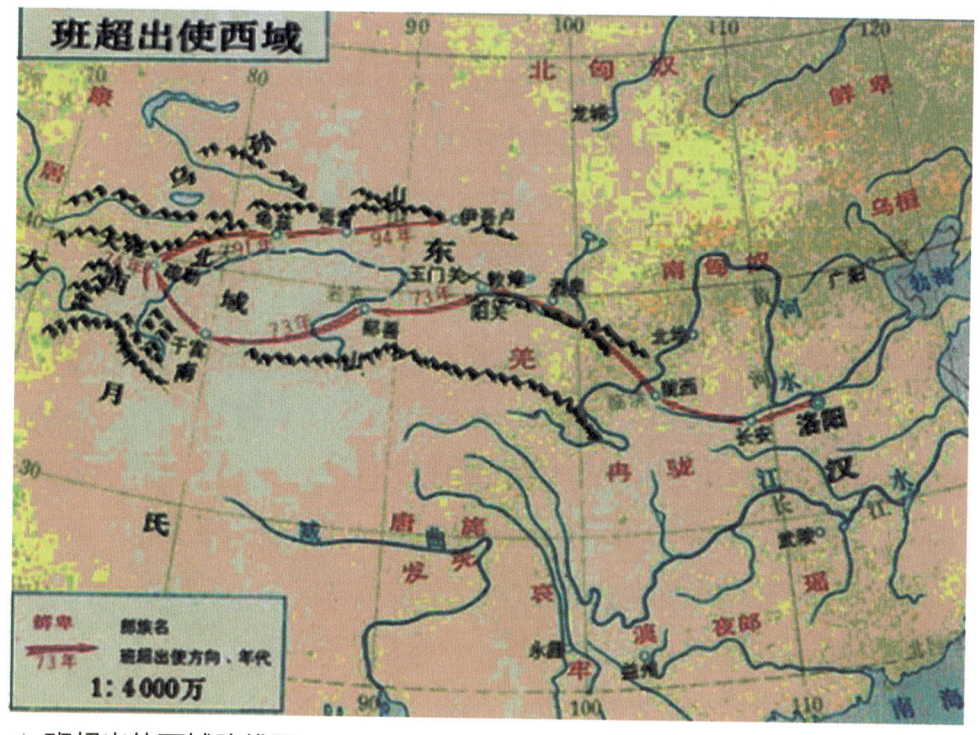

▲ 班超出使西域路线图

会受匈奴指使，要我们的性命。我们功不成，名不就，反而死无葬身之地。我们现已处绝境，大家意见如何？"众人齐声道："现处死亡之境，我们唯有同生共死，一切悉听司马的吩咐！"超道："不入虎穴，焉得虎子。现乘黑夜，匈奴使者不备，连夜偷袭他们的营帐，把他们全部消灭。"当时郭恂不在，也有人提出邀请郭恂前来共议决定。班超说：事不宜迟，如走漏风声，大家都活不成了。当时外面狂风怒吼，班超令诸人准备。他先派10人持鼓，悄悄绕伏在匈奴帐后，告诉他们，如果见前面火起，即鸣鼓叫噪。另外20人分做两队，各持刀枪弓弩。午夜时分，由班超领头潜行至匈奴使者帐外，就地放起火来。风狂火骤，刹时间火光冲天。匈奴使者正在酣睡之中，忽然觉得烟雾弥漫，火光四起，而且鼓声震天，知情况不妙，昏天黑地中向帐外逃命。班超等在火光中看得逼真，一刀一个。顷刻间，杀死30余人，另外100余人尽被烧死。

第二天，班超派人请鄯善王来，好言抚慰他。鄯善王见汉使这般英勇，大为震惊，心悦诚服地脱离了北匈奴的统治，立即归顺中国，并愿把他的儿子送到洛阳为人质，以示永久归向汉朝，不再与匈奴往来。这是班超出使西域的第一次惊人之举。

班超访问鄯善成功之后，启程回国，见了窦固，把经过情形详细报告一番。窦固将班超的功绩转报给汉明帝。明帝很赏识班超的气魄和才干，明令实授班超为军司马（次于大将军的官职），着令继续通使西域诸国。窦固忧虑班超等人少，拟增派士卒。班超道："我等36人，誓同生死，不须更派多人。万一发生意外，人多反而是拖累。"

不久，班超带着原来的36人，再从边境出发，先到鄯善，然后继续西行，到了西域南道的大国于阗（今新疆的和田）。

于阗在鄯善之西、莎车之东，距阳关3500里。当时于阗国王刚刚打败莎车，气焰很盛，他一向是向北匈奴称臣，而北匈奴也派有专使监护其国。他仗着匈奴的势力，轻视汉朝。所以，当班超到来，他虽不便公开拒绝，但接待上甚为冷淡。

那时于阗文化落后，一切国家大事听凭巫师来定。于阗王宫中有一巫婆，最为国王崇信，而此人是受匈奴指使的，故作神语，斥责国王不该接待汉使。她对国王说："汉使有一匹骏马（古代的黑嘴黄马），颇为肥美，能取来享我，恕你无罪。"于阗王不敢拒绝，来向班超讨马。班超一口应允，但他说："敢烦神巫驾临，超愿当面献马，以示虔诚之意。"国王将班超的意思转告巫婆。巫师不以为意，昂然而来。哪知她刚刚走进汉使营门，超手起刀落，把巫师的头颅砍了下来，派人送给于阗王，并向国王讲了许多道理。于阗王早就听说班超在鄯善国杀了匈奴使者的事，现在见他又把神的使者巫师也杀了，不禁大惊失色。于是，他改变了傲视汉使的态度，答应臣服于汉朝，并自动杀死了匈奴的监护使，以表心迹。

从此，断绝了60多年的新疆南道，又重新得以沟通。南路一通，班超在于阗住了一个时期了解情况后，挥师西北，以击匈奴，通西域，即实施打击北匈奴、同诸国友好的策略。

班超到了疏勒（今新疆疏勒）。疏勒是西域北道的小国。当时北道诸国中，龟兹最强（今新疆库车、沙雅二县间），曾击杀疏勒国王，另立龟兹人兜题为疏勒国王。疏勒人在龟兹武力压迫下，无力反抗，敢怒而不敢言。班超了解这一情形后，临时向于阗借调了一队人马，出其不意，由小道向疏勒进兵。他叫属吏田虑带前锋先行。临行前班超吩咐他："兜题非疏勒人，国人必不用命，若不即降，便可执之。"

田虑行近疏勒国都疏勒城，先着人通知，说大汉使者到来。疏勒国王不敢怠慢，亲自出城迎接。田虑乘其不备，命士兵将兜题捆绑起来。兜题左右不及抵抗，而班超大兵已到，遂蜂拥进城。班超宣示："大汉使者前来吊民伐罪，为疏勒报仇复国。"疏勒人欢声雷动，班超应疏勒人民请求，立疏勒故王之侄榆勒为王，更其名为忠。这样一来，疏勒自然臣服于汉廷。

班超一方面将在西域情况呈报汉明帝，另一方面了解西方情况，准备继续西进。这时，明帝死了，章帝继位（公元76年）。匈奴认为，章帝初立，无暇西顾，于是唆使西域小国焉耆（今新疆焉耆附近）起兵，将汉朝派驻吐鲁番的一个西域都护陈睦杀死，乘机占领哈密，把中国通到疏勒的交通截断。龟兹则联合了姑墨（今新疆拜城西南）、尉头（今新疆乌什）进攻疏勒。这样一来，班超立刻被孤立起来。但是他并不恐惧，马上去和疏勒王分任指挥，联合守城，一守就是一年多时间。

建初元年（公元76年），汉章帝觉得班超在外，人孤势单，曾下诏调班超回国。当时西域诸国已视班超为长城，班超一走，各国震惊。疏勒更是举国忧惶。疏勒都尉因不忍班超东归，痛哭道："汉使今日去，我明日必死于龟兹。"说罢,他拔刀自刎而死。班超一度离开疏勒到了于阗,于阗怕汉使一去,匈奴前来报仇,就不放班超走。王侯以下,跪倒尘埃,甚至抱住班超马脚,不让他移步。班超当时十分为难:皇帝有命令叫他返国,而当地的情况又是这样。他考虑再三,终于决定继续留在西域,带领原班人马再返疏勒。

哪知就在班超这来去之间,疏勒的两个城池已不战而投降了龟兹。龟兹王留下一队尉头国人马,继续监视疏勒,他自己率兵东归。班超回到疏勒,率兵突击。那尉头国军队哪里是班超的对手,600人全部被歼灭。疏勒转危为安。

到了章帝建初三年(公元78年),班超又发动疏勒、康居、于阗、拘弥四国兵马近万人讨伐姑墨。一战,攻下姑墨石城,汉威大振。班超感到自己在西域地位日益巩固,想趁势联络西域其他国家,帮助他们摆脱匈奴的威胁,最后把匈奴的势力从西域完全驱逐出去。

建初五年(公元80年),班超上书章帝:"臣窃见先帝欲开西域,故北击匈奴,西使外国,鄯善、于阗即时向化。今拘弥、莎车、疏勒、月氏、乌孙、康居复愿归附。欲共并力,破灭龟兹,平通汉道。若得龟兹,则西域未服者,百分之一耳。

"臣伏自惟念,卒伍小吏,实愿从谷吉效命绝域(谷吉,汉元帝时,为卫司马,出使郅支时,为郅支所杀);庶几张骞弃身旷野。昔魏绛列国大夫,尚能和辑诸戎,况臣奉大汉之威,而无铅刀一割之用乎……今西域诸国,莫不向化,唯焉耆、龟兹,独未服从。

"臣前与官属三十六人奉使绝域,备尝艰危……于今五载,胡夷敌情,臣颇识之,葱岭通,则龟兹可伐。今宜拜龟兹侍子白霸为其国王,以步骑数百送之,与诸国连兵,岁月之间,龟兹可擒。以夷狄攻夷狄,计之善者也……姑墨、温宿二王,特为龟兹所置,二国来降,则龟兹自破……"

班超一封奏章，有见解、有办法、有抱负、有雄心。章帝看了大喜，采纳了班超的建议，并派徐干为代理司马，率兵 1000 余人增援班超。超欲北伐龟兹，南讨莎车，但仍感兵力不足，于是借乌孙兵力攻打龟兹，使乌孙成为他征服西域的一个好帮手，后来，连最强狠的莎车，也被他征服而投降了。这是章帝元和三年（公元86年）的事，那年班超53岁。

班超在西域的另一重要贡献，是遏阻了大月氏王朝的入侵。

班超使强狠的莎车臣服以后，月氏国王慕汉室威德，曾以珠宝等物进贡，要求与汉朝和亲，为班超拒绝。月氏王恼羞成怒，在永元二年（公元90年），命副王谢率兵7万攻打班超。班超当时手下只有兵千余人，敌我兵力悬殊，将士们有些恐慌。班超却道："月氏兵马虽多，但他们军行数千里，逾越葱岭而来，运输困难，补给一定接济不上，势不能久。如我能坚壁清野，以逸待劳，保可不战而胜。"后来，月氏兵来到城下，求战不得，果然因为粮食不济，派人向龟兹求援，班超预先派人埋伏在途中，把这批月氏使者杀死，把人头送给月氏副王谢。月氏举国震惊，当即遣使向汉军请降，使汉与月氏和平相处。

这一役，使班超威名远扬于中亚细亚。第二年，龟兹、姑墨、温宿三国，均主动与汉和好。汉朝遂以班超为西域都护，徐干为长史。13年中，班超始终没有和龟兹直接作战，却相当彻底地解决了龟兹问题，这都是由于他的才能和威名所致。

汉和帝永元三年（公元91年），班超同将军窦宪配合，大败北匈奴于金微山地区，俘单于母阏氏以下5000余人，解除了西域人民的心腹之患。

永元六年（公元94年），班超61岁时，西域50多个国家都和汉通好，各国人民重新过着安定的生活，沿塔里木盆地南北的"丝路"主道尽通。

汉和帝永元七年（公元95年），下诏褒奖班超的功绩。诏书说："往者匈奴独擅西域，寇盗河西，永平之末，城门昼闭……先帝重元元之命,惮兵役之兴,故使司马班超,安集于阗以西。超遂逾葱岭,迄县度,出入二十二年,莫不宾从。改立其王,而绥其人。不动中国,不烦戎士,得远夷之和,同异俗之心,而致天诛。"《后汉书》中所录诏书中这段话,概括了班超出使西域的功绩。这年,封班超为定远侯,邑千户。这是后世称班超为班定远的由来。

班超41岁出使西域,至永元十二年(公元100年),历时近30年。年近七旬的班超,回顾同来西域之人,已先后物故,不禁思归东土,乃于西域上书,遣子昭勇送到京师,请求归国。"臣不敢望到酒泉郡,但愿生入玉门关。"汉和帝看了班超来信,虽然同情他,但西域责任重大,一时无适当人选,一拖就是两年。班超的妹妹班昭时常出入宫门,手足情深,不能自已,上书为兄请命。书中说,班超已"衰老被病,头发无黑,两手不仁,耳不聪目不明,挟杖乃能行,乞求在超余年,一得生还"。这样,汉和帝才调派校尉任尚代超为西域都护。

班超于永元十四年八月回到洛阳。超原本患有胸胁之病,加之长途跋涉,到洛阳后病势加重,终至不起。返回故国后仅一个月,即病逝,卒年71岁。

班超少壮出国,白首始归。在西域31年,其谋国之忠,以及个人智慧勇略,无比毅力,功业之彪炳,是中国历史上旷古未有的奇绩。

■ 李顺出使受贿

北魏(都平城,位于今山西省大同市)太武帝拓跋焘即位(423年)后,"不好珍丽,食不二味",致力于东攻西伐,志在统一北方。

北魏始光四年(427年),北魏军队攻入夏国都城统万(位于今陕西省靖边县北),之后,俘虏夏国国王赫连昌。四年后,北魏军队攻灭夏国,夏王赫连定被吐谷浑(北魏属国,都伏俟城,位于今青海省青海湖西岸)兵士俘虏。八月,北凉(都姑臧,位于今甘肃省武威市)

国王沮渠蒙逊慑于北魏国力强盛，将其儿子沮渠安周派到平城作人质，表示愿意向北魏称臣。北魏太武帝派遣尚书（朝廷部门长官）李顺率团出使北凉，册封沮渠蒙逊为凉王。

延和元年（432年）十二月，李顺奉命再次出使北凉，以探察其虚实，为日后北魏出兵攻打北凉做准备。北凉王沮渠蒙逊派中兵校郎（军事参谋官）杨定归转告李顺，称其年老多病，"不堪拜伏"，等几天才能同李尚书见面。李顺回答说："凉王年老，朝廷是知道的。我奉命带来皇上的诏书，凉王作为藩臣，哪有称老不按时会见朝廷使臣的道理？"

第二天，沮渠蒙逊安排会见李顺。李顺进入王宫时，沮渠蒙逊坐在座位上不肯起身行见面之礼。李顺大为光火，厉声说道："没想到你这个老头子竟然这样没有礼貌！你难道不怕亡国吗？竟敢凌辱大魏朝廷？看你这副样子，眼睛已经走神了，我无须再见你！"李顺手握符节（用金属、玉等器物制作的外交官凭证），怒气冲冲地转身朝外走。沮渠蒙逊命令杨定归将李顺追回来，起身向李顺施礼，拜受北魏太武帝的诏书。

沮渠蒙逊拜受诏书后仍不肯服气，对李顺说："依靠德政治理天下，才能昌盛；凭借武力征服天下，自己势必亦要衰亡。魏朝如今拥有的天下已经很大了，应当用德政教化臣民，这样才能实现天下大治。如果只想着用武力征服，恐怕不可能永远胜利。"李顺回答说："魏朝当今皇上即位以来，志在安定四海。皇上派遣大军扫荡暴虐，安抚百姓，昭示德政而惩罚罪孽，我不知道王所称凭武力征服天下从何谈起？"北凉王无话回答。

接着，沮渠蒙逊设宴招待李顺。沮渠蒙逊后悔与李顺会面时出言不逊，害怕李顺返回平城后报告魏朝廷，席间暗暗将金宝揣入李顺怀中。李顺没有推辞，将沮渠蒙逊所给的金宝收下。

李顺回到北魏后向太武帝奏报出使情况,说沮渠蒙逊确实年老多病,不会再活多久。他死后,可能由其最能干的儿子沮渠牧犍继位,但沮渠牧犍的才能远不及其父。

延和二年(433年)四月,北凉果然向北魏朝廷奏报沮渠蒙逊去世,请求册封沮渠牧犍为北凉王。太武帝赞赏李顺考察判断准确,厚加赏赐,提任李顺为安西将军,并让他参议军政大事。

司徒(宰相)崔浩听说李顺收受沮渠蒙逊金宝,秘密向太武帝告发。太武帝不肯相信。此后,北魏太武帝又多次派遣李顺出使北凉。沮渠牧犍继续用金宝贿赂李顺,以致将他收买,为北凉所用。

太延三年(437年),北魏太武帝在出兵攻灭北燕(都龙城,位于今辽宁省朝阳市)后,派遣李顺出使北凉,以观察那里的动态。李顺从北凉返回后,北魏太武帝征询他的意见说:"过去,我同您不止一次密议图取北凉的大事,当时因为忙于向东方征战,没有顾得上西方。如今燕国已经平定,向西进军的时机成熟了。您多次出使凉国,对那里的情况了解得很透彻。我想今年举兵西征,您看能不能攻下凉国?"李顺回答说:"我国兵民多年来一直劳苦于征战,没有得到休息。不可以接连出征,以增加兵民的疲劳,建议皇上等几年再说。"北魏太武帝接受李顺的意见,推迟出兵攻打北凉。

太延五年(439年)三月,北凉王沮渠牧犍与其嫂李氏通奸,李氏出于妒忌,投毒欲把北凉王后(武威公主、北魏太武帝之妹)毒死。之后,武威公主虽然获救,但沮渠牧犍拒绝将李氏交给北魏处置。

北魏太武帝召集群臣讨论对策,想以此事为口实,发兵攻打北凉。崔浩认为:沮渠牧犍的罪恶之心已经充分暴露,应当派兵加以征讨。李顺及其亲信随从则以凉国都城百里之内没有水草,军马难以停留,加以阻挠。

崔浩引用《汉书·地理志》所载"凉州之畜,为天下饶",对李顺等人的话予以驳斥。崔浩指出:"凉州如果没有水草,其畜牧业怎么能名扬天下?姑臧城是汉朝人建造的,如果那里没有水草,汉朝人怎么会在该地建筑城池、设立郡县?说姑臧那里没有水草纯属欺人之谈!"

李顺等人争辩说:"耳闻不如目见。我们这些人亲眼所见那里没有水草,你怎能闭着眼睛同我们争论此事呢?"

崔浩严正指出:"你们接受了人家的金钱,帮凉国人说话,以为我没有去过那里,未曾亲眼见到那里有没有水草,便可以蒙混欺骗吗?"

北魏太武帝当即制止他们争辩,决定抓紧准备,尽快出兵攻打北凉。

当年八月,北魏军队攻灭北凉。北魏太武帝抵达姑臧,看到姑臧城外水草丰盛,才知道李顺欺骗了他,崔浩所引《汉书》记载属实无误。不久,凉州人徐桀告发李顺使凉期间受贿。事发后,崔浩进一步弹劾李顺"受牧犍父子重贿",欺诈误国。北魏太武帝大为恼火,下令将李顺逮捕严加审查。经查李顺收受西凉王父子贿赂属实。

太平真君三年(442年),北魏太武帝下令将李顺处死。

 **知识链接**

汉代的"蛮夷邸"

汉代的"蛮夷邸"是在中国古代外交史上第一次出现专为四方国、族来使单独设置的接待馆舍。从西周到战国时期的交聘馆舍,基本上是为以中原地区为中心、江河流域华夏文化圈范围内诸侯或在其基础上发展起来的列国之间的交聘而设置的,其接待对象主要是华夏文化圈内诸侯、列国的交聘使节。汉代首次以"蛮夷"命名这种馆舍,表明这种馆舍之属性有别于以往的交聘馆舍,是专门用以接待"蛮夷",即四方国、族来宾的。

汉代于京师设置三种"邸"舍：一为郡邸，二为国邸，三为蛮夷邸。前两者通常被合称为"郡国邸"，它们基本上是传统交聘馆舍基础上的延伸发展。而"蛮夷邸"的性质与"郡国邸"是不同的，它是汉王朝为接待四方国、族之宾客而设置之馆舍，其所反映的是汉王朝与四方国、族之关系，属于汉王朝之对外关系服务设施。和帝永元六年（94年），西域都护班超"发诸国兵讨焉耆、危须、尉黎、山国，遂斩焉耆、尉黎二王首，传送京师，县蛮夷邸"。李贤注曰："蛮夷皆置邸以居之，若今鸿胪寺也。"因其为安置"蛮夷"宾客之邸舍，故称之为"蛮夷邸"。

第三章
隋唐五代时期的外交

隋唐五代时期，在政治、经济和文化诸方面对东西方各国均产生了深刻的影响。因此，东西方各国都积极地吸取唐文化。与此同时，我国也吸收各国的优秀文化，并融化在汉文化中。丝绸之路在陆上交通继续繁荣的同时，海上交通也渐发达。外来文化对中原影响最大者首推印度佛教，佛教逐渐成了中国文化的重要组成部分。可以说，这一时期同历代相比，更具有开拓性。

第一节　隋唐五代繁荣的中外交流

■ 丝绸商品出口

　　唐代的丝绸，仍承前代循陆、海两路输往东西方各国。在唐代的对外贸易中，丝绸不仅是官方贸易中的赠品或回赠品，亦是民间贸易中的重要商货。因丝绸易腐蚀，保存性能远不及瓷器，所以，地下实物不可能提供唐代丝绸输出的概貌。但在贸易往来中，丝绸往往同瓷器并行，皆成为东西方各国渴求的精品，故而将瓷器输出的轨迹视作丝绸的对外流向，似不过分。

　　唐代同历代一样，其输出的丝织品博得了东西方各国的称赞。当时在日本，唐代的丝绸精品不仅被用于供奉，还成为天皇颁赐本国官吏的珍物。迄今，在日本的正仓院还保存着图案精美的唐锦。阿拉伯人则对中国丝绸倍加珍视。《中国印度见闻录》卷二记载，唐代一阿拉伯富商同广州一宦官谈话，该富商透过宦官的丝绸衣服见其胸口上长一黑痣，颇为惊奇。宦官看出了他的心意，便伸出手臂让他数自己所穿衣服的件数。数过之后，方知是5件之多。而这种丝绸是未经漂白的生丝制作的，总督穿的丝绸，比这还更精美，更出色。中国丝绸还改变了一些国家的习俗。例如，唐代的骠国（今缅甸）人，奉信佛教，"以蚕帛伤生不敢衣"。但到后来，"妇人当顶作高髻，饰银珠琲，衣青娑裙，披罗段……"

中国丝织技术早在唐代之前就输往东西方诸国，他们在吸收中国丝绸文化的基础上各自发展了具有民族特色的丝织业，并反馈流向唐朝。于是，积极吸取域外各国丝织技艺的特色，成为唐代丝绸文化交流的一个方面。早在南北朝时，滑国就转贩波斯锦至中国。《梁书·滑国》载称："普通元年（520年），又遣使献黄师子、白貂裘、波斯锦等物。"隋代，波斯向中国赠送金绵锦袍。正如《隋书·何稠传》所载："稠博览古图，多识旧物。波斯尝献金绵锦袍，组织殊丽，上命稠为之。稠锦既成，踰所献者，上甚悦。"可见，唐代之前，波斯丝织品已反馈输入中国，不久，其仿制品亦应运而生。至唐、五代时，情况依旧，地下实物为此提供了有力的依据。在隋唐时期的墓葬中，发现了一些具有典型波斯萨珊朝纹锦式样的中国丝织品。日本正仓院收藏的部分唐锦，其图案设计也明显地受到萨珊风格的影响。这是为满足输出的需求，吸取了域外的艺术风格。同时，在丝织工艺上，也采用了中亚和西亚在纬线上起花的新技术。日本的丝织品，也不断输入中国。日本史籍《延喜式》卷三十《大藏省》记载了遣唐使出发前日本政府颁发给各级人员数量不等的绝、绵、布等物。日本来唐的留学生和学问僧，正是用这部分丝织品充作"学问粮"的。日本遣唐使也用这些丝织品和其他土特产品同中国商人进行交易。于是，流入唐朝的日本丝织品为数可观，并博得了唐人的赞许。其中，珍珠绢颇具特色，深受唐人的欢迎。

公元8世纪，正是唐朝与阿拉伯交往的盛世，中国的丝织技术随之传入阿拉伯世界。公元751年，怛逻斯战役之后，被俘的中国织匠、络匠到达了两河流域。杜环在其《经行记》中记载了当时在苦法的中国工匠有："绫绢机杼、金银匠、画匠。汉匠起作画者，京兆人樊淑、刘泚。织络者，河东人乐加罿、吕礼。"从此，在西亚织造锦缎等高级丝织品的手工业迅速发展起来，并办起了宫廷作坊和官府作坊，生产兑拉兹等供王室和上层使用的丝织物。兑拉兹是指绣出或织出哈里发名字或苏丹名字，供缝制帝王御用袍服或赏赐有功大臣的荣誉袍服的织物。其后，欧洲所需之丝绸品种，有相当部分也取自阿拉伯。

■ 瓷器文明传到国外

唐代瓷窑有二十多个，以邢窑（河北内丘县）、越窑（浙江余姚县）、昌南窑（江西景德镇）、邛窑（四川邛崃县）、定窑（河北曲阳县）、潮州窑（广东潮州）最为著名，其产品亦最多。自8世纪起，唐代越瓷（青釉瓷）的出口标志着中国瓷器的外销进入了一个新阶段。中国瓷器以造型精巧、色彩绚丽、风格别致博得了世界各国的珍视，他们称中国为"China"（瓷器），即"瓷之国"。唐代瓷器，沿陆海两途输往东西方各国，给他们带去了文化、科技和美的享受。

▲ 唐三彩

朝鲜半岛发掘出的唐、五代时期的陶瓷，是唐瓷流入该地区的明证。例如，今韩国庆州附近朝阳洞出土了一件完整的唐三彩三足，其造形彩斑同扬州出土的极其相似。他们模仿唐三彩，烧制成"新罗三彩"，并于吴越天宝十一年（918年）在全罗南道的康津等地设窑，仿造中国越窑青瓷器，被称作"新罗烧"，或"翡色"瓷器。

唐、五代时期，是中日交通贸易往来的活跃阶段，中国瓷器大量输往日本。迄今，日本已发掘出唐三彩、越窑青瓷、邢窑白瓷和长沙窑瓷。唐三彩于盛唐时即流入日本，在奈良、福冈等地均有发现。越窑青瓷，在日本近五十处遗址中被发现。长沙铜官窑器，于中晚唐时期大量输往日本，在今奈良、京都、九州的博多湾和久留米、种子岛以及日本最西端的西表岛等处的寺庙、居民遗址和古墓中曾有发现。唐代邢窑昌南窑瓷器，在日本的奈良、京都、福冈等十多处官衙、寺庙和坟墓中出土。

　　唐、五代瓷器流入日本，对其陶瓷业的发展产生了深刻的影响。唐三彩一经同日人见面，就博得了他们的高度赞赏，但因供不应求，日本政府特下令进行仿造。其仿制品在造型、釉色、花纹和风格上，都近似唐三彩，被称作"奈良三彩"；又因仿制品的相当部分入藏于正仓院，并保存至今，故而又被称作"正仓院三彩"。随着越窑瓷器、长沙窑瓷器和南北窑系白瓷的大量输往日本，烧窑技术亦同时流入。至9世纪末，日本利用越窑烧制技术改进窑炉结构，连窑具也模仿唐、五代造型。爱知县的猿投窑（日本古名窑）仿制的越窑青瓷，无论造型、釉色和装饰手法，均同越窑产品相似。

　　马来半岛和马来群岛各古国，均为唐、五代瓷器的输入国。地下实物告诉我们，马来西亚吉打的江湾（古称卡塔哈）出土了唐绿釉瓷器；柔佛河流域古遗址见有唐青瓷残片；彭亨州的哥拉立卑附近金矿发掘出唐四耳青瓷樽；新加坡国家博物馆收藏有柔佛的卡达丁几和麻拉出土的为数众多的越州青瓷。印度尼西亚玛朗南郊的遗址和墓葬中，发现有长沙窑的褐斑璃柄执壶，类似的器物在爪哇也有出土。南苏拉威西见有唐凤头清水壶。此外，在南苏门答腊、峇里、中爪哇等地均发现唐、五代瓷器。文莱亦发现一唐青釉两耳樽，同福建安溪唐墓出土的随葬瓷樽相似。菲律宾出土的中国瓷器，为东南亚地区之冠，属唐、五代时期的虽不多，但分布却很广。唐瓷出土的地点有巴布延群岛、伊罗奇与冯牙丝兰海岸、马尼拉一带、民都乐岛、保和岛、宿务岛和卡加延苏禄岛等。

　　唐瓷还输往南亚各国，在今印度、巴基斯坦和斯里兰卡都曾发现唐瓷的地下实物。印度南部迈索尔邦博物馆藏有晚唐、五代时期的越窑青瓷和长沙窑瓷；印度南部科罗曼德海岸的古港遗址出土了唐末、五代越窑青瓷碟残片。巴基斯坦卡拉奇东南的斑波尔古港遗址，出土了晚唐越窑水注和长沙窑黄褐釉上绿彩花草纹碗残片。

唐瓷沿陆、海两途还流向西亚的波斯和阿拉伯。波斯湾的古西拉夫港（今塔黑里），出土了大量中国陶瓷片，最早的是中晚唐时期的越窑青瓷和邢窑白瓷。在今伊朗东北部霍腊散省古丝路必经之地的内沙布尔遗址，发现有晚唐越窑深碗，长沙窑彩绘罐以及邢窑白瓷盖罐的残片。德黑兰南面的赖依遗址，出土了唐、五代越窑系青瓷和长沙窑彩绘盘。此外，在伊朗还出土了唐三彩。伊朗人是善于汲取外来文化的民族，他们从唐瓷中得到了启发，仿制了"波斯三彩"和白瓷。内沙布尔、里伊、阿莫勒、阿格罕等地都曾发现仿唐三彩的陶器。

据希提《阿拉伯简史》记载，8世纪中叶至9世纪中叶是阿拉伯阿拔斯王朝的全盛时代，其首都巴格达，"市场上有从中国运来的瓷器、丝绸和麝香"；"城里有专卖中国货的市场"。三上次男的《陶瓷之路》亦记载说，巴格达东南的帖尔·阿比鲁塔，是阿拔斯王朝繁荣的城市遗址，在此发现了9至10世纪制作的褐色越窑瓷和华南白瓷残片；巴格达北面，底格里斯河畔的萨马拉遗址，发现了大批唐制或仿唐三彩式的碗和盘，绿釉和黄釉罐的残片，以及晚唐和五代时的白瓷和青瓷残片等；巴格达阿拉伯博物馆收藏有萨马拉遗址出土的唐、五代的越窑瓷；西柏林达累姆博物馆也收藏有该遗址出土的9至10世纪的越窑瓷和白瓷碗的残片。

唐瓷还输往非洲。埃及开罗南郊的福斯塔特古城遗址，在出土的六七十万残片中，中国陶瓷竟有12000片，其中最早的有唐、五代的唐三彩、越窑青瓷和邢窑白瓷，以越窑青瓷居多。埃及人一方面输入中国瓷器，一方面大量生产仿制品。据估计，福斯塔特遗址中出土的埃及本地生产的陶瓷中，大约百分之七十至八十是中国陶瓷的仿制品。此外，红海岸边苏丹境内爱札布遗址，非洲东海岸坦桑尼亚的基尔瓦岛等也都发现了唐、五代瓷器的地下实物。中世纪时期的开罗居民，几乎家家户户都普遍使用质地优良的中国瓷器。埃及人竟称瓷器为"绥尼"，意为"中国的"。

由此可见东西方各国对中国陶瓷文化的向往，以及中国陶瓷文化对世界文化作出的巨大贡献。

■ 伊斯兰教传入中国

唐代，中国同大食国（指阿拉伯人建立的伊斯兰帝国）间来往很频繁，为伊斯兰教的传入提供了路径。当时两国来往的陆路，可经波斯、阿富汗、西域，从西北地区进入长安，即沿古代"丝绸之路"而来；海路可经波斯湾、阿拉伯海、孟加拉湾、马六甲海峡到达我国南部沿海的广州、泉州等地，即沿古代"香料之路"而来。据载，仅在永徽二年至贞元十四年间（651—798年），大食男遣使臣来华朝贡就约达37次。

唐高宗永徽二年（651年），大食国派使节来长安朝贡，被史学家作为伊斯兰教正式传入中国的标志。其实，阿拉伯人来中国沿海与边远地区进行商业贸易，并建清真寺作礼拜，也许更早一些。

伊斯兰教是阿拉伯的国教，这些来华的阿拉伯使节、商人、旅行家、航海家便是使伊斯兰教传入中国内地和沿海的媒介。其中许多在中国定居并娶妻生子，出现"五世蕃客""土生蕃客"，成为中国最早的伊斯兰教徒——穆斯林。他们往往在沿海城市相聚而居，居地称为"蕃坊"，他们的宗教风俗受到政府和当地人的尊重。虽然没有史料证明他们曾另立有礼拜寺，但既有共同信仰，又在一起聚居，必有相应的宗教生活。他们长期处在中国人之中，与中国传统不免会相互影响、相互渗透。清代以来，伊斯兰教中国化就是一个伊斯兰教与中国固有文化相融合的结果。

天宝十年（751年），唐朝与大食为争夺中亚昭武诸国发生争战，唐国失败，不少兵士被俘到大食国。杜环就是其中之一。他在大食等地居住10余年，回国后作《纪行记》一书，对阿拉伯的伊斯兰教有切身的观察和记载，使中国人进一步熟悉了伊斯兰教。

天宝十四年（755年），唐政府为平定安史之乱，向回纥、大食借兵。唐与大食两国士兵间的交往更加推动了伊斯兰教的传布。伊斯兰教在中国唐代的传播，不像佛教和景教，直接由僧侣和教士携经而来并得到统治者的认可和竭力扶持，正式建寺收徒传经，它有自己的特点。伊斯兰教在初传中主要借助于使节、商贾、游客等，中国与大食经济上的交往，是伊斯兰教传入中国的最重要的渠道和载体。两国的少数军人也为此作出了一定贡献。

唐时，伊斯兰教在中国的信徒绝大部分是侨居中国的阿拉伯人及

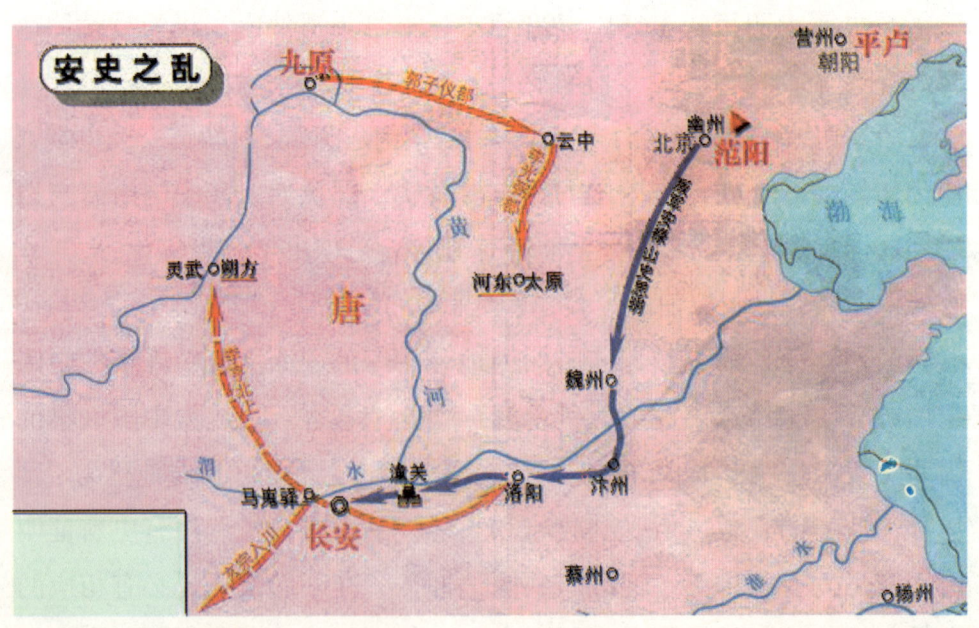

▲ 安史之乱形势图

其后裔,尚未在中国本土产生多少影响,因此绝少有纯中国血统的信徒。由于没有受到贵族和社会的高度重视,伊斯兰教的传播范围很狭窄,但这也正好易于保存自己。穆斯林们在激烈的社会斗争中能把伊斯兰教信仰作为自己内部的生活方式和风俗代代相承。他们没有向外传教扩张的野心,避免同中国儒佛道三教以及社会的其他政治势力发生碰撞纠葛,特别是避免了唐武宗会昌五年(845年)灭佛教时,对外来宗教的一并打击,使伊斯兰教以"大食殊俗"得以保存,并流传至今,逐步在吸收中国传统文化的过程中,形成了中国伊斯兰教的特色,完成了伊斯兰教的中国化进程。

第二节　隋唐五代的对外关系

■ 隋与突厥的交往

突厥是隋帝国的北邻，也是隋的所有邻国中幅员最大、势力最强的一个。

东晋末年，突厥只是一个处于北凉、匈奴、沮渠氏势力范围（今甘肃张掖县一带）之内的小部落。宋文帝元嘉十六年（439年），魏灭北凉，突厥首领阿史那率部族五百家投奔当时的大国柔然，定居于金山（今阿尔泰山）下。据说"金山状如兜鍪，俗呼兜鍪为突厥，因以为号"。就突厥的文化水准看来，它还不能算是野蛮民族，因为突厥人至少已使用一种类似文字的符号；在政治组织方面，他们共有二十八等的官阶；同时擅长铁工，他们最初便以这种技术为柔然服役。

梁武帝大同元年（546年），铁勒欲攻打柔然，为突厥酋长土门（即伊利可汗）所邀击，铁勒降者五万人，突厥实力大增。此后五年，突厥脱离柔然而独立。至梁敬帝绍泰元年（555年），突厥木杆可汗攻灭柔然，并击败和并吞了若干邻国。它的领土，西到里海以东的乌浒河上，东到辽海（当指今渤海北部），北至今贝加尔湖，南至今内蒙古沙漠。当突厥开始强大，与中国也发生往来，那时正值魏分东西，内战不已，给予突厥一个有利的南进机会。其后齐周二国成立，双方都不惜付出极大代价来争取这个强大外援。突厥曾于周武帝初助周攻齐，但其后即依违于两者之间,坐收渔利。到周灭齐,突厥竟立齐宗室范阳王绍义为帝,与周抗衡。周武帝欲亲伐之,因病死而未果。其后周又修筑长城,以资防守。突厥见周不可侮,乃与周亲善,周以宗女千金公主嫁给当时的突厥可汗沙钵略(木杆可汗兄子),突厥则把高绍义送回,从此突厥对中国失去控制力量。

隋文帝时,开始采用一种离间政策对付突厥,用以促成其内部的分裂和不安。这个政策的主持人是鲜卑人长孙晟,他曾于周宣帝时,护送千金公主赴突厥,与突厥可汗诸子弟及贵人往还甚密,因而熟悉突厥的内部情形。当时突厥帝国的政治,尚没有达到中央集权的地步,只是分邦自治。其最高领袖可汗(大可汗)之下,尚有若干可汗(小可汗),他们各统有一定的地盘和武力,只是名义上服从大可汗,实际上是独立的。大可汗沙钵略以外,尚有三个重要势力:一是西面可汗达头,为沙钵略从父,自其父室点密起,即为西面可汗,与大可汗分庭抗礼,在诸小可汗中势力最强。一是阿波可汗,为木杆可汗之子,据突厥西北部。一是处罗侯,为沙钵略之弟,据突厥东部。三人均与沙钵略不协,因此长孙晟于开皇元年(581年)上书文帝,献离间突厥之策。

文帝采纳长孙晟的建议,首先拉拢达头,派太仆元晖赐他"狼头纛",那是一种突厥大可汗才可使用的旗帜。其后又于某次宴会中,故意把达头使者的席次,排在沙钵略使者之上。自此沙钵略与达头发生嫌隙。继而长孙晟又设计离间阿波与沙钵略的情感,结果阿波于开皇三年(583

▲ 隋文帝杨坚

年）西奔达头，达头以兵助阿波攻沙钵略，自此突厥正式分裂为东西二国。西突厥的地盘主要为今伊犁河流域及其附近之地，东至都斤山（今外蒙古杭爱山的一部），西至雷翥海（今咸海或里海），南至疏勒（今新疆疏勒县）、龟兹（今新疆库车县）一带，北至瀚海（今外蒙古沙漠西北部），并役属西域诸国。东突厥则据有都斤山以东之地，双方不时发生战争。

突厥内乱既起，隋乃乘机进攻东突厥。东突厥两面受敌，屡次失利，遂于开皇五年（585年）向隋屈服，愿为藩附；并遣子入朝，岁时贡献不绝。七年（587年），沙钵略死，处罗侯继其位，击擒阿波。八年（588年），处罗侯死，传位于沙钵略之子，是为都蓝可汗。长孙晟又设计离间都蓝可汗与其弟突利可汗，十七年（597年），隋以宗女安义公主下嫁突利，都蓝怒与隋绝。既而长孙晟又劝突利率众南下，监视都蓝，为隋做耳目。十九年（599年），都蓝与达头合兵攻突利，突利军败，只身随长孙晟入朝。隋封突利为意利珍豆启民可汗，在黄河南岸胜、夏二州（今绥远省东南部）之间，划出四五百里的地方，做其部落的畜牧地。此时安义公主已死，隋又妻以宗女义成公主。同年，都蓝为部下所杀，隋遣启民部下分道招慰都蓝部众，降者甚多。接着隋室对东西突厥同时做大规模的进攻，混战四五年，把东突厥逐出内蒙古沙漠；西突厥也发生内乱，达头出奔吐谷浑。仁寿三年（603年），长孙晟迁启民可汗于塞外，接收达头的残部，正式成为突厥的大可汗。启民的地位，由隋一手造成，自然对隋唯命是从。

炀帝大业五年（609年），启民可汗死，其子继立，是为始毕可汗，对隋仍表忠顺。后来隋用朝臣裴矩之策，以宗女嫁始毕之弟叱吉设，叱吉设不敢受；始毕怨隋，又恨裴矩擅杀其臣下，乃于十一年（615年）开始叛乱。其年八月，始毕率骑十余万，乘炀帝北巡，围炀帝于雁门（今山西代县）。当时情势危殆，幸义成公主（那时她已顺从胡俗，改嫁始毕）

遣使诈称北边有警，促始毕回师。九月，雁门之围始解。其时隋内部乱象纷呈，两三年后，便告覆灭。

西突厥则自达头奔吐谷浑后，又分为两个势力：一是最高可汗泥橛处罗，居伊犁河流域；一是射匮可汗（达头之孙，处罗之叔），据西突厥西部。隋室以婚姻为诱饵，劝射匮背叛处罗。大业七年（611年），射匮击败处罗，处罗率数千人降隋，炀帝赐号为曷萨那可汗，射匮遂取得西突厥的领袖地位。到隋灭亡，东西突厥均趋于极盛，在隋末唐初的十余年中，它们变成东亚大部民族的主人。

■ 隋与西域及吐谷浑的交往

隋代周后，文帝也没有经略西域的意思，当时中国对西域内部的情形，相当陌生，仅知那里有二十个左右的国家。至炀帝时，西域诸国胡人，有不少到张掖（今甘肃张掖县）做生意的。炀帝命裴矩加以管理，矩便引诱他们说出西域各国的山川风俗以及其国人的仪形服饰，根据这些资料，写成《西域图记》三卷，所记凡四十四国。并另制西域地图，将西域各国的要害，尽行画出，图中所包括的地区，有二万里之广。书中说，从敦煌出发，共有三条通路贯穿西域，直达西域西界的"两海"（今地中海或里海）。裴矩的书，引起了炀帝的兴趣，于是派矩利诱西域人入朝。从此西域人来隋京朝谒观光的，络绎不绝；所经过的郡县，迎来送往，靡费极大，竟至于民不聊生。

大业五年（609年），炀帝西巡燕支山（在今甘肃武威市），高昌（今新疆吐鲁番县）王麴伯雅、伊吾（今新疆哈密县）王吐屯设和西域二十七国的使者，都迎谒道左，伊吾王并献西域数千里之地。炀帝也派遣使者韦节、杜行满宣慰西域，在各国取得玛瑙杯、佛经、舞女、狮子皮、火鼠毛等物而还。次年春天，炀帝于洛阳盛陈百戏，招待来京的西域诸国酋长和使节。剧场周围五千步，仅奏乐的便有一万八千人，演戏的时间,长达一月之久,其后年年如此。西域普通人来隋的,有时也可得到免费酒食的招待。这些都是炀帝为夸示富强而做的。

西域文化在隋时仍照旧输入中国,西域人除擅长音乐歌舞外,并有他们独特的工艺技术,他们的这种奇技,对中国中古时代工艺的发展,有很大的贡献。隋代的三大技术家宇文恺、阎毗、何稠都含有西域人的血统,隋代许多宏丽精妙的制作,都是他们以

▲ 隋炀帝杨广像

西域的奇技来附合中国的规制造成的。宇文恺曾于文帝时筑大兴城,开广通渠,修仁寿宫;又于炀帝时筑洛阳城,穷极壮丽。炀帝北巡塞外,命他做大帐,下可坐数千人,又造"观风行殿",上容侍卫数百人,下施轮轴,可以推移。阎毗曾主持开凿永济渠,何稠则曾设计炀帝及皇后的车舆仪仗及百官仪服。炀帝伐高丽时,命稠造辽水桥,二日而成,又造"六合城",周围八里,高十仞,可以牵引而行。至于西域人在隋做大官的,也颇不乏人,例如隋末群雄之一的王世充便是西域人,他于炀帝时曾做过江都通守等大官。

吐谷浑于北魏末年,日渐强大,其酋长夷吕,自称可汗,定都于伏俟城(在今青海湖西)。北周时,其可汗夸吕,屡次寇掠边境。隋时,吐谷浑已沾染深度的汉化,其政府官员有王公、仆射、尚书、郎中、将军等称号,器械衣服,也与中国略同。文帝初年,曾派兵击败之,夸吕远遁。其名王十三人,均率部落投降,文帝以其中的高宁王移兹裒为大将军,封河南王以统降众。但夸吕仍寇掠不绝,直至平陈以后,

始不敢寇边。不久，夸吕死，子伏立，向隋室上表称藩，隋妻以宗女光化公主。但伏接着死于内乱中，部下共立其弟伏允为可汗，隋依其俗，仍以光化公主妻之。自此伏允年年朝贡，暗中访察中国内部的情形，文帝对之甚为厌恶，但始终未采取行动。

炀帝时，派裴矩劝说铁勒部落击吐谷浑，铁勒果出兵攻之，隋又伏兵掩袭，结果伏允兵败，南窜入山谷中。隋军获得吐谷浑降人十余万口，六畜三十余万，并把吐谷浑的地盘接收过来。这块地盘东西约四千里，南北约二千里，隋于其地增设西海、河源、鄯善、且末四郡；前二郡大致辖有今青海湖以西和以南地区，后二郡则辖有今新疆的东南部。并发全国轻罪犯人，徙居其地。大业五年（609年），炀帝西巡燕支山，本想对吐谷浑做再度的讨伐，但因中伏允之计，未能成功。炀帝又命刘权镇守河源郡积石镇（今甘肃临夏县西），大开屯田，防御吐谷浑，以保障通往西域的道路。

伏允败走后，率数千骑作客于今青海湖东南的羌族部落党项。当吐谷浑尚对隋称藩时，伏允曾遣其子顺入朝，为炀帝所留；至此隋室送顺返吐谷浑，统其余众，但因其内部不协，未能成功。到炀帝末年，中国大乱，伏允乘机恢复失地，并且重新开始他的寇边生活。

■ 隋与南方诸国的交往

这里所说的海外和南方诸国，包括倭奴、流求、赤土、林邑四国。

倭奴国（以下简称"倭国"）自东汉对中国三度通使，至三国时，魏因控制朝鲜半岛之便，依旧与诸倭往来。魏时，倭国女王卑弥呼遣使入贡，魏封之为"亲魏倭王"，并派官吏前往其国答聘。中国的文字和古书（《论语》等），也于汉魏之交由百济传入倭国。其后因中国内乱，双方隔绝甚久，但倭曾与南朝的宋有往来，并受过宋的册封。至南北朝末叶（6世纪中叶），佛教也经百济传入倭国；但同时中国的北方，周武帝正有灭佛之举。隋时，今日本诸岛列国并立，大都附庸于倭，新罗、百济，也奉之为上国。开皇二十年（600年），倭女王阿每多利思北孤（即"推古天皇"）遣使来朝，据倭使说，其国"气候温暖，草木冬青"。又说："倭王以天为兄，以日为弟。天未明时出听政，跏趺坐，日出便停理务，云'委我弟'。"文帝认为"太无义理，训令改之"。炀帝时，倭女王闻炀帝重兴佛法，于大业三年（607年）再遣使者小野妹子（华名苏因高）朝隋，并以沙门数十人随行来学佛法。倭王在国书中有这样的话："日出处天子，致书日没处天子无恙。"炀帝对这种称呼甚不高兴，但他为经营海外的浓厚兴趣所驱使，仍于次年派裴世清出使倭国。倭王甚表欢迎，并遣使随世清入朝，从此开始中倭通交的新页。倭国对中国文化不特做更大量而且开始作直接的吸收，自此以后，倭国不再完全依赖朝鲜半岛做输入中国文化的桥梁，而可以遣人向中国直接学习。

再说流求。据近世学者的考证，隋代的流求，就是现在的台湾；也有人反对这个说法，认为是现在的琉球群岛。根据中国旧史有关隋代流求国的记载，从它的位置、风土、气候和隋室对流求的进兵路线看来，隋代流求即现在台湾的说法，是大体可以成立的。在隋以前，流求与中国从没有交通。炀帝时，海师何蛮曾隐约瞭望到这片土地。大业三年（607年），炀帝命朱宽入海求访异俗，何蛮告诉他这件事，于是相偕前往。二人到流求后，因语言不通，便掠了一个流求人回来。据说当时的流求，盛产木材，种类与中国江南地带所产的相同；风土气候，则与岭南相似。次年，又命朱宽前往抚慰，流求不从。六年（610年），炀帝派陈棱、张镇周从义安（今广东潮安县）率兵渡海进攻，费时月余始达流求；其王欢斯渴剌兜派兵迎战失败，隋兵攻入流求都城，杀渴剌兜，俘其人民数千而回。经过这一次突然降临的浩劫后，流求在中国史书里，淹没了一个长久时期，直到南宋，才又出现。当朱宽二度赴流求时，曾携回一种流求布甲，据当时来朝的倭国使者说，这种布甲是"夷邪久国"人所用之物。由此可知，隋时倭国和流求之间，当已有直接或间接的交通。

林邑自经宋文帝讨伐，国势顿衰。梁陈之时，与中国信使往来，颇少入寇。隋文帝平陈后，林邑曾遣使朝贡，但不久又告断绝。文帝末年，听说林邑出产奇宝，因而命刘方率师经略林邑，既而文帝去世，军事乃告停顿。炀帝即位后，仍命刘督师前往。大业元年（605年），隋军从海口登陆，林邑王范梵志派兵堵险，隋军败之；遂渡阇黎江（当在今越南顺化附近），并设计击破林邑的象阵，攻入其都城，梵志逃入海中。其后隋军回师，刘方死于道中，

▲ 唐高祖李渊像

士兵也以患脚肿病死去一半。梵志遣使谢罪，炀帝许其自新，从此朝贡不绝。林邑初定时，隋室以其地设三郡，即比景（今越南顺化一带）、林邑（今中圻广南一带）和海阴（今金兰湾一带）。林邑王以余众建国于中南半岛的南端，隋兵退后，林邑收复一部分土地。直至唐高祖时（那时林邑已改名占婆），才完全恢复它旧有的疆域。

赤土是隋时"南海"中的一国，从中国前往，须航行一百余日，始可到达。因为在它境中的土壤多为赤色，故而称为赤土。至于它的地理位置，则说法不一，有的以为当在今马来半岛中部，有的以为当在今苏门答腊岛东南部。炀帝时，招募通使绝域之人，常骏、王君政等应募。大业三年（607年），炀帝命他们携带大批物品，出使赤土。他们从南海郡（今广东广州市）乘船出发，沿着现在的越南海岸南驶，

过金瓯岬，驶入暹罗湾，共行二十余日，抵达赤土国界。赤土王派船三十艘迎接，又行月余，到达赤土首都。据说赤土王的宫室器用，极其华丽，对使者也甚为优礼。次年，赤土王派王子那迦邪随常骏等返国，于六年（610年）谒见炀帝，炀帝对骏等及那迦邪均加官赏。

■ 唐对突厥铁勒的平定

1. 东突厥

在初唐时期的诸外族中，唐室的最大敌人仍是东突厥。隋末唐初的几年中，东西突厥同趋于极盛，但东突厥因接近中国本部，双方的关系更为密切。当时因中国内乱，中国人纷纷逃入东突厥避难，因此它的实力大增。当时它的势力范围，东到今东北诸省一带，西到今青海省和新疆省东部；东西两方的许多民族如契丹、室韦、吐谷浑、高昌等，都臣属于它，国中胜战的人有一百多万。隋末中国北部起兵的群雄，连唐高祖在内，都向它称臣，因此东突厥是当时亚洲大部民族的主人。东突厥对中国也采取分化政策，它对每个起兵者都加以支持。唐的统一，不但为它所不愿，同时隋室余孽也抱着"宁赠外国，不予家奴"的心理，鼓励它予唐室以打击，此外群雄中的刘武周、梁师都等，也都向它借兵以抗唐师；为了这些原因，东突厥渐由唐室的支援者变为唐室的敌人。武德三年（620年）以后，东突厥无岁不发兵入寇，每次都是饱载而归，逼得高祖几乎迁都。九年（626年），太宗即位不久，东突厥的最高可汗颉利与其侄突利可汗（始毕之子），因梁师都的勾引，又领兵入侵，大军抵达长安西北渭水上的便桥。太宗冒险亲到渭水，与颉利订盟，并啖以金帛，突厥才退，这是唐室对东突厥最后一次的屈辱。

武德九年（626年）以后，东突厥内因华人赵德言的乱政和贞观元年（627年）的大雪灾，外因原来臣属于它的铁勒部落薛延陀的叛变，国势渐衰，对唐室的侵略才停顿下来。又因唐室离间政策的成功，颉利与突利发生冲突。突利于贞观二年（628年）投降唐室，东突厥的实力，更为减损，乃授于唐室一个绝好的复仇机会。次年冬，太宗以李靖、李勣等率兵十余万，六道讨伐东突厥。四年（630年）正月，李靖率骁骑三千突袭颉利所在地的定襄（今绥远归绥县南），颉利遁入阴山，唐师奇袭擒之。东突厥的残余部落，除北附薛延陀和西奔西域的以外，投降唐室的有十余万口。唐室把这批降众安置在东起幽州（今北京大兴区），西至灵州（今宁夏灵武县）的边塞地区。并以突利和阿史那思摩（即李思摩，颉利堂叔）为都督以统理之。此外东突厥诸酋长拜官在五品以上的有一百多人，突厥人入居长安的近一万家。太宗本人好与突厥人接近，甚至以他们充当侍卫；太子承乾，也沾染了突厥习俗；这些地方可以看出唐室中央胡化色彩的浓厚。

贞观十三年（639年），突利的弟弟结社率谋反，攻九成宫（在今陕西麟游县），未成而死。唐室才感到突厥寄居中国内地的危险性，因此封李思摩为乙弥泥孰俟利苾可汗，命他率领部人，重返东突厥故地。但不过数年，俟利苾又因薛延陀的侵逼，率部南移，结果唐室又把他们安置于胜（今绥远托克托县西南黄河南岸）夏（今陕西横山县西）二州之间，俟利苾则入居京师。俟利苾南下后，东突厥故地为突厥酋长车鼻可汗所盗有。直至高宗永徽元年（650年），唐擒车鼻，处其余众于郁督军山（今外蒙古杭爱山北），东突厥可以说全部降服。同年，唐室又设立单于瀚海二都护府，管理大漠南北地区。都护府以下的组织，有都督府和州，这些府州的都督和刺史都由突厥酋长来担任，并授予高度的自治权，只有最高长官的都护由唐人出任。自此以后，东突厥未发生问题者达三十年之久。

调露元年（679年），正是高宗末年武曌当权的时候，单于大都护管内的东突厥首领阿史德温傅、奉职二部叛变，诸州的突厥酋长，群起响应，众至数十万。唐出师讨之，虽将温傅、奉职或擒或杀，但突厥余众的叛乱，仍此伏彼起。天授元年（690年）武曌称帝后，东突厥的势力渐强。万岁通天元年（696年），武曌拜东突厥默啜可汗为立功报国可汗，命其助伐契丹。次年，又被默啜骗去突厥降户数千帐、谷四万斛和铁数万斤，东突厥的实力大增，态度又转强硬。圣历元年（698年），默啜入寇，大肆杀掠而去。此后终武曌之世，东突厥连年寇边，达十余年之久。

直到玄宗开元初年，默啜因衰老昏虐，国内渐有乱象，其部众降唐者甚多。开元四年（716年），默啜死，其兄默棘连立为毗伽可汗，因其知人善任，国内复趋稳定，曾于八年（720年）大败唐兵。但自此以后，与唐和平相处者十余年。二十年（732年），毗伽为臣下毒死，国内时有政争，日渐衰乱。天宝元年（742年），拔悉密、回纥（铁勒部落之一）、葛逻禄（居今新疆喀喇额尔齐斯河流域）三部，共击东突厥。三载（744年），拔悉密攻杀东突厥乌苏可汗，突厥人又立乌苏之弟为白眉可汗。三部以回纥为最强，唐于是册拜回纥酋长骨力裴罗为怀仁可汗，用以敌东突厥。次年，回纥攻杀白眉可汗，东突厥余众降唐。东突厥的阿史那王朝，至此终了，它的土地和权威都为回纥所取代。

2. 西突厥

西突厥自射匮可汗于隋炀帝时逐处罗可汗（即曷萨那可汗）取得领袖地位后，国势甚强。唐高祖武德元年（618年），射匮死，其弟统叶护可汗继立，国势益强。当时西突厥的版图，西拒波斯（今伊朗），南接罽宾，东与东突厥对峙。它拥有控弦之士数十万，于西域石国以北的千泉建立王庭，臣服西域诸国，并向它们征课赋税。当时东突厥也正值极盛时期，如果不受西突厥的牵制，对唐的威胁必然更大。唐高祖对西突厥甚为笼络，武德三年（620年），双方曾约定于五年（622年）

冬合兵攻东突厥；东突厥颉利可汗大恐，因而与统叶护讲和。贞观二年（628年），统叶护为其伯父所杀，此后连年内乱，终于贞观十二年（638年）西突厥又分裂为东西二部，原来西突厥十个政治区域的"十箭"（又名十姓），由东西分辖五箭，以热海为界。西域诸小国，也分附于两部。

贞观十五年（641年），西突厥西部的沙钵罗叶护可汗为东部乙毗咄陆可汗所击杀。次年，乙毗咄陆灭西域国家吐火罗（今阿富汗北境），拘唐使者，并进寇伊州（今新疆伊吾县），结果为唐兵所败，乙毗咄陆逃奔吐火罗。他的叶护阿史那贺鲁，原居多逻斯水（今新疆喀喇额尔齐斯河）沿岸，于贞观二十二年（648年）率众数千帐内属，唐室把他安置于庭州（今新疆迪化市）。高宗永徽二年（651年），阿史那贺鲁拥部众西走，重新统一了西突厥的东西两部，并回兵入寇。显庆二年（657年），唐擒贺鲁，把今伊犁河、吹河流域的西突厥基本地盘，分置昆陵、濛池二都护府。以突厥酋长阿史那弥射为昆陵都护兴昔亡可汗，管理东部五箭；以阿史那步真（弥射族兄）为濛池都护继往绝可汗，统治西部五箭。至于原来阿史那贺鲁所统多逻斯水上的种落和他所役属的西域诸国，西至波斯，皆设州府，一起置于安西都护府（时设西域龟兹，今新疆库车县）的治下。

高宗龙朔二年（662年），继往绝可汗和兴昔亡可汗相继死去，十箭无主，由部酋阿史那都支及别帅李遮匐收拾余众，附于吐蕃。咸亨二年（671年），唐给予阿史那都支官职，以安集突厥余众。调露元年（679年），阿史那都支与李遮匐连合吐蕃，侵逼安西。唐以裴行俭计擒阿史那都支，并招降李遮匐，自此西突厥日益衰落。到武曌垂拱元年（685年），西突厥西部人众日益离散，唐以弥射之子元庆袭兴昔亡可汗，统东部五箭。次年，又以步真之子斛瑟罗袭继往绝可汗，统西部五箭。当时东突厥值默啜可汗在位，国势正强，西突厥十箭人众，被他侵略得死亡殆尽，最后于天授元年（690年）由继往绝可汗收集余众六七万人，入居内地，改号竭忠事主可汗。久视元年，唐又以斛瑟罗为平西大总管，镇碎叶。又过三年，西突厥别种突骑施的酋长乌质勒，攻破碎叶，把斛瑟罗赶回中国。乌质勒移牙帐于碎叶，西突厥的阿史那王朝，至此灭亡，十箭故地，遂为突骑施所有。既而，唐封乌质勒为怀德郡王。

中宗景龙二年（708年），乌质勒子娑葛自立为可汗，杀唐使者，唐讨之失败，娑葛遂攻陷安西都护府所在地的龟兹。次年，娑葛遣使请降，唐拜之为钦化可汗，赐名守忠。睿宗景云二年（711年），守忠之弟遮弩，因怀恨所分部落少于其兄，叛入东突厥，请为向导以伐守忠，东突厥默啜可汗乃遣兵攻杀守忠。默啜兵退后，守忠部酋苏禄召集余众，自立为可汗，有众二十万人。开元七年（719年），唐拜苏禄为忠顺可汗，双方大体相安者十余年。二十三年（735年），苏禄大举入寇。次年，苏禄为唐兵所破，因而请降。二十六年（738年），为其部下所杀，其子继立为吐火仙可汗，据碎叶城，仍与唐抗。次年，唐将盖嘉运击擒之。二十八年（740年），唐立阿史那昕（斛瑟罗孙）为十姓可汗，以统西突厥余众，但不久便为突骑施所杀。以后十余年，西突厥故地的主人是突骑施。肃宗至德（756—757年）以后，突骑施因内乱渐至衰落，唐朝也以内乱无暇过问他们的事，但突骑施酋长有时尚遣使入朝。代宗大历（766—779年）以后，突骑施已衰微不堪；而葛逻禄强盛，徙居于碎叶水（即吹河），突骑施乃臣役于葛逻禄，此外尚有一部归附了回纥。

▲ 唐肃宗像

3. 铁勒诸部

铁勒是突厥的北邻，它的部落达十五种之多，著名于史书的，有薛延陀、同罗、仆固、回纥、拔野古等种。它们的主要活动地区，在今西伯利亚及外蒙古北部一带，突厥强盛时，它们臣属于突厥。东突厥颉利可汗时，薛延陀与回纥、拔野古等部一起叛变。当时铁勒诸部中最强大的是薛延陀，它的版图，东至靺鞨（今松花江下流一带地），西至西突厥，南接沙碛（今外蒙古沙漠），北至俱伦水（可能属于今鄂尔浑河）。

贞观二年（628年），太宗册封薛延陀酋长夷男为真珠毗伽可汗，与之共图颉利。夷男受封后，建牙帐于郁督军山（今外蒙古杭爱山北），回纥诸部都臣属于他。颉利既亡，他率部落移庭至独逻水（今外蒙古土拉河）南的都尉楗山（即乌德鞬山，当属今都兰哈拉山），有胜兵二十万，其势甚强。十三年（639年），唐命李思摩率突厥降众徙居"河北"（今套外地）；太宗并赐真珠可汗玺书，命他与思摩各守疆土，不可逾越。但到十五年（641年），真珠可汗以三十万人渡沙漠南击李思摩，思摩率众逃入长城。唐派李勣等击破真珠，但李思摩终不敢再回河北。其后真珠贡献相继，并向唐求婚，结果未能如愿。

贞观十九年（645年），真珠死，其子拔灼继立，是为多弥可汗。多弥猜忌好杀，不为部人所附。同年，他乘唐伐高丽而南侵，为唐兵大败于夏州。次年，回纥酋长吐迷度乘机与仆固、同罗共击薛延陀，杀多弥。回纥于是占领薛延陀的地盘，并与铁勒其他部落，相继入贡于唐。薛延陀余众七万口向西奔逃，又为唐将李勣等击杀五千人，俘虏老弱三万，薛延陀至此可以说完全灭亡。唐室并遣使招谕铁勒诸部，诸部酋长皆请入朝。薛延陀灭亡后，太宗曾有诗以记其事，并把其中的警句："雪耻酬百王，除凶报千古"，刻石于灵州（今宁夏灵武县），以扬其烈。二十一年（647年），唐改铁勒诸部为府州，各以其酋长为都督刺史。诸酋长并请于回纥以南,开"参天可汗道"("天可汗"是太宗平东突厥后,西北诸外族君长向他所上的尊号),置六十八驿,以便朝献,太宗许之。同年,唐置燕然都护府于故单于台(今绥远归绥县西),以统其地。唐的北边,至此名义上算是完全平定。但回纥吐迷度对唐阳奉阴违,私下里自称可汗,政治组织也一律仿效突厥。

其后回纥与唐室保持了十余年的和平关系,并曾于高宗永徽时派兵帮助唐朝讨伐西突厥叛酋阿史那贺鲁和高丽。但到高宗龙朔元年(661年),与唐亲善的回纥酋长死去,他的侄子比粟毒代领其众,会合同罗、仆固等部前来犯边,唐派郑仁泰、薛仁贵等伐之。次年,铁勒诸部合众十余万以拒唐师,结果大败。仁贵等并北越沙漠,追击余众,但因深入敌境,粮尽遇雪,士卒冻饿而死者甚多,仁贵等所部一万四千人,生还者仅八百人。至三年(663年),铁勒诸部始完全平定。同年,唐徙燕然都护府于回纥,更名瀚海都护府(后又改为安北都护府,其所在地约在今外蒙古库伦附近。至永徽元年即650年所设的瀚海都护府,则改称为云中都护府,其所在地在今绥远归绥县境。其时永徽初所设的单于都护府已废,唐室乃于麟德元年即664年改云中都护府为单于都护府),管理沙漠以北的所有州府;回纥酋长相继受都督官号,以统理蕃州。

武曌时,东突厥势力复强,回纥又臣属于突厥。但回纥本身的力量也颇强大,曾于玄宗开元中杀唐凉州都督,断安西诸国入长安的通路。唐派兵讨逐,回纥退保乌德鞬山。开元末,东突厥内乱,唐朔方节度使王忠嗣乃招谕回纥、葛逻禄、拔悉密诸部,共攻东突厥。天宝初,唐封回纥酋长骨力裴罗为怀仁可汗。到天宝四载(745年),回纥尽有东突厥故地,立牙帐于乌德鞬山,它的地盘是"东际室韦(今松花江上游一带地),西抵金山(今阿尔泰山),南跨大漠",成为当时中国北方的第一强国。其后回纥与唐的邦交尚称敦睦,双方大体相安者达十年之久，及安史乱起，回纥更成为唐室平乱的一大助力。

■ 唐对西域、西南诸国的用兵

1. 西域

前面已经说过，在隋末唐初，西域诸国原是西突厥的臣属。但自贞观十二年（638年）西突厥因内乱分裂为东西二部，国力大衰。因此唐室得以乘机经营西域。又因西域各国国小力分，唐室没有费多大力量便把它们收入版图。唐的经营西域，可分二期：一是太宗时代，二是高宗至玄宗时代。太宗时在西域所辟的土地，仅及今新疆省的东部和中部，但开辟西域的基础，则自太宗时奠定。到高宗时，唐室向西拓展至波斯（今伊朗），直到安史之乱，唐才丧失西域的霸权。

太宗在经营西域的过程中，仅与其中较强的高昌、龟兹等国发生过战争，其余的可以说是望风降服。高昌本汉车师王廷旧地，在今新疆吐鲁番县一带，地当西域各国入唐的必经之路。唐初，其王文泰在位，与唐室亲善。太宗曾赐文泰姓李氏。后来文泰偶有断绝贡道的事，并勾结西突厥，企图攻击请求内属的伊吾（今新疆哈密县），因唐室的切责而止。其后又与西突厥攻破焉耆（今新疆焉耆县），焉耆求援于唐，太宗乃于贞观十三年（639年）遣侯君集、薛万彻等率兵击之。次年，文泰忧惧而死，子智盛继立，向唐投降。唐把智盛君臣，皆迁至京师，而于其地设置西州，并置安西都护府，留兵镇守。最初，西突厥可汗曾遣兵屯于可汗浮图城（今新疆孚远县），与高昌相呼应，至此也恐惧投降。唐室又把这片土地划为庭州。

龟兹在高昌西，其地当今新疆库车县。唐高祖时，其王苏伐勃驶遣使入朝，其后他的儿子苏伐叠献马于唐，岁贡不绝，但同时也臣属于西突厥。贞观二十一年（647年），苏伐叠死，弟诃黎布失毕继立，对唐渐失藩臣礼，并侵略邻国。太宗乃派阿史那社尔（突厥人）与郭孝恪等将兵击之，并命铁勒、突厥等部连兵进讨。次年，阿史那社尔引兵自焉耆西部，进攻龟兹北境；焉耆王薛婆阿那支弃城奔逃，保其东境，唐师追斩之，并立其堂弟先那准为焉耆王。继而唐师攻下龟兹都城，并追擒布失毕。其相那利潜引西突厥之众及其国兵共万余人，突袭唐师，杀郭孝恪，但终为唐师击定。社尔将布失毕送至京师，而立其弟叶护为王，于是西域震骇，诸国相率奉唐。

高宗永徽元年（650年），唐以龟兹内乱频仍，酋长争立，乃复以布失毕为龟兹王，命他返国抚慰其众。至显庆二年（657年），唐平西突厥，于其地置昆陵、漾池二都护府；大敌既除，唐室遂独霸西域。自龟兹以西，直至波斯，皆设州府，置于安西都护府的治下。次年，龟兹内乱又起，唐再平之，并徙安西都护府于龟兹。这时唐在西域的威势，已达于极点。但好景不长，高宗末年，吐蕃（据今康藏高原）炽盛，时常寇侵安西辖区；而西方的大食（据今阿拉伯半岛）也于此时勃兴，东向发展，侵逼西域。唐在西域，开始遇见了劲敌。

玄宗开元末年，大食已进据妫水流域，吐蕃则突入印度河流域，西至妫水上流，与大食联合，打击唐室的西域霸权，葱岭以西受制于吐蕃而与唐断绝关系的，有二十余国。绝唐的诸国中，最受吐蕃亲重的是小勃律，它不特是唐帝国的西方门户，而且是吐蕃与大食通援的要冲。吐蕃并在小勃律西北的连云堡设置重兵，以掩护这些国家。天宝六载（747年），唐以高仙芝率步骑一万人伐小勃律，以保固安西，并切断吐蕃与大食的交通。仙芝自龟兹出发，经一百多天至吐蕃连云堡，遣兵击取之。乃越坦驹岭，进抵小勃律，虏其王而回。这次用兵路线的艰险，是中国自古战争中所没有的。因仙芝的远征，唐帝国在葱岭以外，重振声威，降附的有七十二国。

天宝九载（750年），唐以石国王车鼻施谋叛，再派高仙芝往讨。车鼻施约降，但仙芝把他俘献京室，因而被杀，由是西域各国对唐甚为怨恨。次年，石国王子远恩向大食借兵以拒唐，大食援兵与仙芝所率的蕃汉步骑三万人相遇于怛罗斯，相持五日，仙芝部下突厥人叛变，与大食内外夹攻，唐师大败，生还者仅数千人。其后不久，安史乱起，唐帝国内部陷于战争之中，唐室的西域霸权，乃为吐蕃所攘代。

2. 吐蕃

吐蕃的国土在吐谷浑西南，主要部分是现在的康藏高原。这片土地和它的民族，因与中国本土距离遥远，同时又因吐谷浑的阻隔，在唐以前，与中国没有交通。关于吐蕃民族的来源，中国旧史的说法有二：一说吐蕃属于西羌种，它是羌族一百五十个种落之一的"发羌"的后裔。这些种落散处在长江黄河的上源以及湟水、岷江的沿岸，后来大致统一于发羌的部酋鹘提勃悉野，因为"发"字和"蕃"字声音近似，所以他们的子孙自称吐蕃。另一说法，吐蕃是东晋末年南凉国主鲜卑人秃发利鹿孤（即秃发乌孤）之后，利鹿孤的儿子樊尼因失国辗转奔窜，在羌中建国，改姓"勃率野"，以"秃发"为国号。因语讹而称"吐蕃"。

据西藏人自己的历史说，他们是观世音菩萨与一女魔结婚所生的子女六人的后裔；他们的王室，则是印度阿育王的后裔。第一个王是仰赐赞普（赞普是吐蕃的王号），与中国的汉文帝同时，据说他的形貌如鸟雀。仰赐下传三十一代到弃宗弄赞（西藏人称他为松赞岗普），是吐蕃第一个与中国往来的赞普，他是陈宣帝初年到唐高宗初年一段时间（569—650年）的人。弃宗弄赞时代的吐蕃人，过的是畜牧生活，他们大部还没有定居，但也有若干城郭，国都叫逻些城（今拉萨）。

贞观八年（634年），弃宗弄赞开始遣使朝贡，唐室也遣人前往慰劳，弄赞向唐求婚，唐室不许。吐蕃怀疑吐谷浑从中破坏，因而发兵攻之，吐谷浑不支，逃奔青海湖以北，人畜多为吐蕃所得。继而吐蕃又攻破党项诸羌，拥众二十万，进攻松州（今四川松潘县）。十二年（638年），唐以侯君集督率诸军讨之，败吐蕃于松州城下。弄赞谢罪，并求婚，

▲ 文成公主像

唐室始答应他。十四年（640年），弄赞派他的大论（吐蕃的宰相有"大论""小论"之称）禄东赞献纳聘礼。次年，唐以宗女文成公主下嫁弄赞，弄赞为她另筑城郭宫室以居之。公主厌恶吐蕃人以红色涂面的陋习，弄赞下令暂时停止；同时他本人也脱去毡裘，被服中国的绸缎，渐渐染上华风。他派遣豪酋子弟，入唐国学，以习诗书，并聘请中国士人，为他典掌表疏。

高宗初即位，封弄赞为西海郡王，不久死去。其孙继为赞普，因幼弱不能亲政，国事全交禄东赞掌理；禄东赞善于用兵，因而吐蕃雄霸西土。禄东赞死后，其子钦陵等专政，与吐谷浑不和，互向唐室表奏，请论曲直，唐室不予裁夺，吐蕃乃发兵击破吐谷浑。高宗咸亨元年（670年），唐以薛仁贵督师往讨吐蕃，大败于大非川（在今青海湖南，共和县境），士卒死伤殆尽。吐谷浑全境陷于吐蕃，其可汗诺曷钵仓皇内属，唐室把他迁到灵州（今宁夏灵武县）。从此吐蕃连年入寇，唐室驻兵洮河以资镇守，但无以制胜，党项诸羌遂尽为吐蕃所并，吐蕃四境开辟达万余里，时常联合西突厥来侵夺安西都护府的辖地。调露元年（679年），赞普死，子器弩悉弄立，时年八岁，仍委政于钦陵。次年，文成公主死，吐蕃对唐帝国西陲的寇扰，从此变本加厉。

武曌时，吐蕃寇边，甚为猖獗。至长寿元年（692年），原于高宗时沦于吐蕃的安西辖区中的龟兹、于阗（今新疆和阗县）、疏勒（今新疆疏勒县）、碎叶四镇，又为中国收复，用以牵制吐蕃。吐蕃遣使求和，请撤销安西四镇戍兵，并请分割西突厥地盘，武曌不许。不久吐蕃内乱，边境得以暂安。中宗时，吐蕃赞普弃隶宿赞请婚于中国，唐以宗女金城公主妻之。

玄宗时，吐蕃自恃强大，与唐室的函件用平等称谓，玄宗甚怒。开元十五年（727年），河西节度使王君奂请深入讨伐，恰值吐蕃进寇甘州（今甘肃张掖县），焚掠而回，唐将领率军追蹑，一直追到青海湖以西，击破吐蕃后军，俘获甚多。后来唐将领为回纥所杀，吐蕃进寇益炽，攻陷石堡城（今青海西宁市西南），侵扰河西。十七年（729年），唐军克复石堡，吐蕃又求和亲，唐室仅赐给它些诗书一类的典籍。二十九年（741年），吐蕃又陷石堡。天宝八载（749年），唐以哥舒翰再克石堡，但唐兵牺牲数万人，以致关中的军力大亏。天宝末年，金城公主死，而吐蕃赞普婆悉笼腊赞适于公主死后不久继立，又遣使亲唐。唐也派人答聘，但等使臣回来时，安史之乱已爆发。其后唐帝国内部陷于战乱之中，吐蕃乘机占据帝国西部的广大地区，成为中唐以后唐室的最大敌人。

3. 吐谷浑、党项和天竺

吐谷浑可汗伏允，自乘隋末之乱恢复故土，据地数千里，大致包括今青海省巴颜喀拉山以北及新疆东南隅之地。伏允从前派往隋室的质子顺，也于唐高祖即位后由江都辗转到长安。高祖曾遣使与伏允连和，要他攻打李轨，并送顺返国。太宗时，伏允屡次入寇。贞观八年（634年），太宗命李靖率侯君集等讨之。次年，唐师败吐谷浑于库山（今青海湖西和硕特旗境），伏允轻兵逃入碛中，靖与君集率军分南北两路推进，搜索伏允。侯君集自南路行无人之地二千余里，追及伏允于乌海（今青海湖南），大破之，伏允远遁。李靖率军历经吐谷浑西境，时伏允逃至突伦川（在今青海省西境），靖引兵击破其牙帐，斩首数千，获杂畜二十余万，并俘伏允妻子。伏允逃走，为部下所杀。

伏允既败，其子顺举国降唐，唐立顺为可汗以统其国。顺因久居中国，国人不附，不久竟为部下所杀，国内大乱。唐又派侯君集率兵赴吐谷浑，立顺的儿子诺曷钵为可汗。贞观十三年（639年），诺曷钵入朝，太宗妻以宗女弘化公主。十五年（641年），吐谷浑丞相宣王专权，阴谋袭弘化公主，劫诺曷钵奔吐蕃。诺曷钵闻知，出奔鄯善。既而宣王为唐将席君买所诛，其国乃定。高宗时，吐谷浑经常遭受吐蕃的侵逼，唐室对它未能做有效的救助，大非川之战后，吐谷浑的国土乃完全为吐蕃所并吞。

党项属西羌种，魏晋以后，甚为衰落，至北周，始渐强大。它居于今四川、西康、青海三省的边境交界地区，也就是今积石山黄河上源一带。其国土连亘三千里，北与吐谷浑为邻，西与吐蕃接壤。国内山谷崎岖，部落众多，不相统一，而以拓跋氏为最强。党项人过的是畜牧生活，但大都定居。他们的风俗尚武，好为剽劫，并重视复仇。他们并没有法令和赋役，也没有文字，只以草木的生长和凋谢来计算年岁。

党项自周隋以来，时叛时服，屡为边患。贞观三年（629年），党项酋长细封步赖率部内附，其他酋长也相率归唐，唐各于其地设州，以诸酋为刺史。唯有诸酋之一的拓跋赤辞，因与吐谷浑可汗伏允亲善，拒不归附。李靖击吐谷浑，厚赂党项，使其为向导。及吐谷浑平，拓跋赤辞与唐将李道彦发生冲突，赤辞击败道彦，唐师死数万人。其后唐连次派人招抚，赤辞才率众内属；唐室以他为西戎州都督，赐姓李氏，从此职贡不绝。河首（黄河发源地）积石山以东地区，乃皆为唐所有。高宗时，吐蕃强盛，拓跋氏为吐蕃所逼，请求内徙，唐室把它的部落迁移于庆州（今甘肃庆阳县）。党项旧地乃陷于吐蕃，没有迁出的，都受吐蕃役使，党项之外又有黑党项、雪山党项等种落，也都沦为吐蕃的臣属。

天竺也就是汉代的身毒，现在印度半岛的北部地区，境内列国并立，不相统属。自东汉初年，佛法传入中国，双方渐有交通。和帝及桓帝时，天竺数遣使贡献。魏晋之世，双方隔绝了一个时期。从东晋末至南北朝时代，交通又趋频繁，天竺高僧来华者颇不乏人，东晋时的鸠摩罗什和梁时的菩提达摩，是其著者。中国僧侣也有远赴天竺习佛法的，晋安帝时的法显，可为代表。至于这个时期天竺诸国贡使的来华，也屡见不鲜。隋统一后，天竺复绝，炀帝曾命裴矩接待西方诸国，诱其入朝，唯天竺不至，炀帝颇以为恨。

唐时，天竺共分东西南北中五部，名曰"五天竺"，五天竺属国多至数十。中天竺都城叫茶鏄和罗（在今印度西北部），国主姓乞利咥，一说姓刹利氏。唐高祖时，中天竺大乱，由嗣王尸罗逸多戡定，其他四天竺的君主，都臣服于他。太宗贞观初，玄奘赴天竺取经，尸罗逸多因而有朝唐之意。贞观十五年（641年），尸罗逸多自称摩伽陀王，开始遣使朝贡，唐室也遣使抚慰之。二十一年（647年），唐派王玄策使中天竺，其他四天竺也都入贡。既而尸罗逸多死，中天竺大乱，其臣阿罗那顺自立，发兵攻击玄策，玄策率从骑30人奋战，全数被擒。玄策宵遁，至吐蕃，发精兵1200人，连同泥婆罗国骑兵七千余，进至中天竺国城，连战三日，大破叛众，擒阿罗那顺，叛众死者及被俘者各万余人，城邑聚落投降的580余所。从此天竺震惧，直至玄宗时，仍朝贡不绝。此外位于今中南半岛一带的占婆、真腊、扶南等国，以及西南边徼诸蛮，也都归诚于唐室。

第三节　隋唐五代时期的外交管理制度

■ 隋朝的外交机关

隋王朝虽然只存在了三十八年（581—618 年），但它却是一个完整的历史时期。从外交上看，隋朝完善了外交体制，并运用军事与外交相结合的手段克服了周边危机，扩大了领土疆域。

隋是建立在北周基础上的一个帝国。中原经过东汉末年以来近四百年的战乱，生产力水平已不及江南。南方经六朝（孙吴、东晋、南朝之宋、齐、梁、陈）经营，生产力的发展已有了长足的进步。南北分裂时中外关系各行其事，隋的统一消除了这一弊病，并在不到四十年的时间里开展了广泛的中外交往。

六朝最后一个政权是北周。北周皇后之父杨坚操有周室实

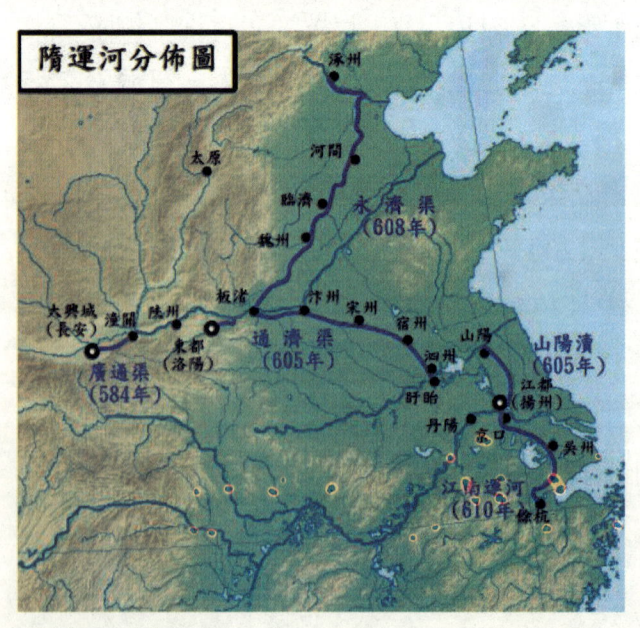
▲ 隋运河分布图

权。公元580年，坚入宫辅政，次年废周，因杨氏曾被周封为隋国公，故新朝之号遂为隋。隋朝建立后的首要任务是消灭江南割据政权。隋文帝以新朝的朝气和中原的强大实力，于公元587年平定后梁，第二年开始伐陈。陈本在富饶的江南，当时江南经吴晋以来多年经营，生产力发展远胜于多年战乱的中原，但陈后主"生深宫之中，长妇人之手""耽荒为长夜之饮，嬖宠同艳妻之孽"，早已丧失统治能力。隋开皇九年（589年），杨坚只用不到一年的时间就攻下建康，生擒陈后主，得陈三十个州，四百个县。隋灭陈后，中国恢复了统一。隋的版图为："东西九千三百里，南北万四千八百一十五里，东南皆至于海，西至且末（今新疆且末），北至五原（今内蒙古五原）。"公元610年，隋驻兵流求即台湾岛。大陆居民迁往岛上的日益增加。隋统一后第一件大事是整顿国家政权组织，这在公元581年隋文帝即位之后就陆续开始。北周时期曾模仿《周官》建立了六官体制，实际上政府组织机构极度混乱，机关虚设，官冗吏杂。杨坚改北周之六官，其所制名，多依汉魏之法。隋朝中央政府主要机关是五省、二台、十一寺，它们之间无统属关系，直接对皇帝负责。对外政策，由皇帝及其主要幕僚三省（尚书、门下、内史）长官等制定。皇帝是内外大事的最高决策者。开国之皇往往具治国之才，隋文帝杨坚是恃才傲物而"每事皆自决断"型的皇帝。

隋中央政府组织机构中的外事部门有：

1. 五省之一的尚书省下属有礼部，掌天下礼仪祠祭燕飨朝聘之事。礼部尚书为正三品，下领五品侍郎四：礼部侍郎、祠部侍郎、主客侍郎和膳部侍郎。

2. 十一寺中设鸿胪寺。鸿胪卿掌蕃客朝会，吉凶吊祭。下统典客、司仪、崇玄三署。典客署在炀帝时改为典蕃署。鸿胪一官，秦名典客。西汉时更名大行令。武帝太初元年改名为大鸿胪。王莽时称典乐，东汉复名为大鸿胪。鸿胪卿在汉朝的主要职务见《后汉书·百官志》本

注:"掌诸侯及四方归义蛮夷,其郊庙行礼,赞导,请行事,既可,以命群司。请王入朝,当郊迎,典其礼仪。及郡国上计,匡四方来,亦属焉。皇子拜王,赞援印绶。及拜诸侯、诸侯嗣子及四方夷狄封者,台下鸿胪召拜之。王薨,则使吊之,及拜王嗣。"由此可见,鸿胪自古以来只是一种礼官。国内外大礼都归鸿胪长官——鸿胪卿或鸿胪丞掌管。汉时大鸿胪丞地位和丞相下的长史相当。隋之鸿胪从职权范围上看似乎与尚书省下属礼部有重叠之处,实际上,鸿胪寺和礼部都不完全是专门的涉外机构,这一现象,封建社会历代都有。公元608年,中国第一个访问日本的官方外交使团是由隋鸿胪寺掌管裴世清率领的。

3. 隋有四方馆,设在建国门外,以待四方使者。"每当正月,万国来朝,留至十五日于端门外建国门内,绵亘八里,列为戏场"。(《隋书·音乐志》)四方馆有类似近现代大使馆的地方。

■ 唐朝的宗藩制度与外交机构

唐朝建立初期,国内由于长期内战刚结束而百废待兴,唐太宗不得不对北方强大的突厥称臣以换得和平发展的时间。经过改革和发展,唐朝很快实现了强盛和繁荣,国内强盛则"天下归心""远夷皆服"。盛唐时中外关系出现了前所未有的良好局面。

唐朝实行了比汉朝更开放的对外政策,除进一步加强了与亚洲邻国的宗藩体系外,还积极发展海外交往。唐朝不排斥外来文化,鼓励外国的宗教及技术在中国传播,也不过多地限制中国技术和文化的输出,甚至有意识地对外炫耀中国文明、强大和自信。唐朝威名远扬,是汉人在历史上建立的最强大的国家。直至今天,海外不少华人还把他们的聚居点称"唐人街"。

唐朝外交的对象有二,一是以游牧民族为主的少数民族政权(有一部分归附了唐朝），二是亚欧诸独立国家政权，这是用今天的标准来划分的，而在当时，对唐朝来说都是"外国"。

李渊父子初立唐朝，政府组织形式模仿隋朝。"高祖发迹太原，官名称位，皆依隋旧。"后多有变革创新。外事方面，宣战主和大事，皇帝有最高决策权。唐初设三省，瓜分相权。唐代君主，颇能兼听"省议"，故三省官僚都能参与外事决策，在讨论对待外族外邦的政策时，唐太宗比较重视大臣意见，君臣共同制订了外交总方针：即"不务求广地"以求身后之虚名，对外恩威并用，武力与怀柔相结合；对归顺之族或征服之邦，任用故官，设羁縻州府，予以形式上的自治，重点发展实力，"九州殷富，四夷自服"。唐朝外交十分活跃，"万国来朝，莫不宾服"，周边民族多归服于唐。外交上开创出这前所未有的大好局面，与唐朝决策体制的小小进步有很大关系。

唐朝外事执行机构分工更加明确。唐朝中央机构中的主要机关是五省、二台、十一寺。鸿胪寺是十一寺之一，唐曾改鸿胪寺为周文寺、司宾寺，后又改回正名。唐朝以前鸿胪一职，掌管诸侯四夷事务。至唐，诸侯王仅存空名，无分藩之制，鸿胪所掌，唯蕃国外邦朝觐之礼。鸿胪卿为正三品，还有鸿胪少卿、鸿胪丞。凡与诸蕃国册立会盟吊祭，多以鸿胪充使，他官充任，亦必兼鸿胪之职。

鸿胪寺下设三署与隋制同：即典客署、司仪署、崇玄署。

▲ 唐人街

尚书省下属六部中有礼部，具有外一事性质，而不是纯外事部门。礼部尚书掌礼仪祭享贡举之政。《新唐书·百官志》记，礼部下辖四司，其中主客司掌二王后及诸蕃朝见之事。唐主客司所掌蕃属约有70余国。《旧唐书》说："凡四蕃之国，经朝贡之后，自相诛绝。及有罪灭者，尽三百余国。今所存者七十余蕃。"礼部主客司与鸿胪有职权分工，大致是：鸿胪使于外，主客则迎于内。鸿胪卿（三品）级品高于主客郎中或主客员外郎（五品），鸿胪寺编员225人。主客司虽不直辖于鸿胪寺，但受其制约。《旧唐书·百官志》说："其朝贡之仪，享宴之数，高下之等，往来之命，皆载于鸿胪之职焉"。

唐朝继承了古之已有的中国文明优越感，对所有"远夷"都视为自己的藩属，对来朝者往往表现出"怀柔存抚"的宗主风度。外贸上唐政权视各方进口之物为"贡物"，并报之以比贡物多得多的"回赐"。对外国来使招待盛厚。国外使节在中国境内旅居之费，均由朝廷支付。长安郊外设长乐驿，奉酒脯慰劳各国来使，并有内使迎至四方馆下榻，唐皇在麟德殿接见外国使节，在内殿赐宴、授赏、授爵。如逢重大节日，各国之使按秩序在蓬莱宫含元殿分东西两畔参列朝贺。使节归国时，由特设的监使宣读诏敕，赠与答信物，并举行拜辞、回赐、送别仪式和宴会。

唐朝设有专门机构和官员，掌握中外贸易事宜。约在贞观十七年，唐设"互市监"掌海外贸易，诸如验货、定价和抽税等事务。

唐朝政府铸造雌雄铜鱼各一，刻上已经建立外交关系的国名，置于彼国，作为历史见证。

唐帝国在周边新得之地设立了与内地府州不同的统治机构，以特殊政策对待归顺于唐的唐边少数民族。唐朝版图比汉朝大得多，所立的"特区"也比汉朝多。贞观四年，唐灭东突厥，唐太宗确定了以"羁縻州府"形式进行"安边"。同以往汉族统治者"贵中华、贱夷狄"的思想不同，唐太宗主张对各族"爱之如一"，并仿效汉代西域都护府的设置，在内附边区建立都护府，负责"抚慰诸蕃，辑宁外寇，觇候奸谲，征讨携贰"。从太宗贞观十四年到武后时期，先后在四方建立了八个都护府。到玄宗开元、天宝年间，只剩下六大都护府，它们是：

1. 安东都护府，设在平壤。高宗总章元年（669年），唐攻占高丽，分其地为九都督府，四十二州，一百县。安东都护府到玄宗年间增加室韦都督府、黑水都督府和渤海都督府，统辖大同江流域、黑龙江流域、外兴安岭地区及库页岛等广大地区。对外代表朝廷应付百济、新罗、日本诸国的事变。唐朝派往日本的使节多经安东府出境，而安东府也派自己的使团出访。

2. 单于都护府，设在云中城（在今内蒙古呼和浩特市西）。唐高宗永徽元年（650年），唐军大破碛南东突厥，分其地置单于、瀚海二都护府，单于都护府统辖今外蒙南部及内蒙中西部地区，瀚海府统辖漠北广大地区。

3. 北庭都护府，设在庭州（今新疆奇台县西北），置于武后长安二年（702年），统辖天山以北突厥十姓、突骑施、葛逻禄等部。

4. 安北都护府，设在金山，原为瀚海都护府。贞观二十年（646年），唐灭薛延陀，漠北铁勒诸部内附。次年，回纥等十一部首领入朝，共尊唐太宗为"天可汗"，太宗乃置府统辖之，总章二年改瀚海府为安北都护府。

5. 安西都护府，设在龟兹（曾迁往碎叶）。贞观十四年（640年），唐灭高昌国（今新疆吐鲁番），设安西府统辖今疆南、帕米尔以西中亚一带广大地区。安西府的设置，为唐朝同波斯、阿拉伯国家的外交提供了方便。

6. 安南都护府，设在宋平（今越南河内）。唐高宗调露二年（680

年），改交州都护府为安南都护府，统辖中南半岛北部一带羁縻府。

都护府的建立，目的主要在加强对归附或被征服民族的统治与管理，巩固边防安全。都护府在外交上有一定自主权，除"抚慰诸蕃"，迎送外交使节外，特殊情况下可单独派特别使团处理部分外交事务。都护府的设置，确立了东至库页岛，西至咸海、阿姆河流域，南至唐林州（包括古罗江），北至贝加尔湖西北的广大版图。

第四节　隋唐五代时期的著名外交家

■ 追求佛法的唐三藏

玄奘，出身在洛州缑氏县（今河南偃师）一个通晓诗文的退职县令之家，俗姓陈，十一岁时，随已经出家的二哥到了洛阳，常听高僧讲经说法，颇有佛学的教养。13岁被破格吸收为僧。18岁到了长安，当时正当隋末大乱，发现在此无法有所长进，便与二哥一起入川，到了成都。三五年间，他遍读佛学主要典籍。23岁时，乘船由岷入江，过三峡，到荆州，转襄阳，又回到长安。他沿途登坛说法，同时八方求教，贯通了当时已传入中土的各派佛学，被誉为"佛门千里驹"。

也正是在这种情况下，他对已有的汉文佛经译本，越来越怀疑，越来越不满足了。他想：要真正弄懂弄通佛学教义，非取得原版真经不可，而要想取经，就非得去天竺佛国不可。然而当时唐朝刚刚立国，河西走廊还控制在突厥人手中，政府严格限制"出国旅行"。玄奘三番五次申请"过所"（即通行证）均未获准，只得呆在长安苦学梵文梵语，为将

▲ 唐玄奘

来作准备。

他18岁时，长安遭受特大灾害，政府允许百姓"随丰就食"。玄奘便混入饥民群，外流到了凉州（今甘肃武威）。这是当时通往西域的门户，商使往还极为频繁。玄奘在登坛说法时，表示了去西天取经的意愿，信息很快传入西域各地。唐凉州都督闻信，便逼令他返回长安，不许出境。他夜到瓜州，在离玉门关十多里的一个山谷间，由别人帮助，偷渡山涧出了"关"。从此只身孤影，向茫茫荒漠的深处走去。数天之后，人困马乏，昏卧在干燥的沙碛里，醒来后又西行，终于挣出了这条无边的"流沙河"即莫贺延碛，来到伊吾（哈密），受到高昌国王的热情款待。高昌王想把他留下，劝他不必冒险西行了。他绝食三天，表示此志不改，高昌王只得盛宴送别，并派人带上国书陪伴西行。玄奘一行来到了凌山。这里终年冰雪，狂风怒号，冰山陡峭，径路盘曲于千丈壁立的山崖上，无一寸干地，无一日晴朗。一行人匍匐前移了七天七夜，才出得山来，却又是五百里热海，好不容易来到碎叶城（今俄罗斯托克马克），意外地得到西突厥叶护可汗的支持（当时西突厥与唐政府关系并不好），护送他跨过帕米尔高原，到达铁门关。此关为中亚南北交通咽喉，两侧万刃陡壁如刀削一般，只有中间一条山径可行，关门又用巨锁锁着，门上悬挂铃铛，谁也别想偷渡。玄奘过了此关，又翻过兴都库什山（大雪山、黑山），便进入北天竺了。

玄奘在印度十五年，遍历北天竺、中天竺、东天竺、南天竺与西天竺，在今尼泊尔、印度、革加拉与巴基斯坦一带拜师求学，并讲经说法，他深入研讨佛学并印度史地文化，掌握了印度的因明学与声明学，即逻辑学与语音学。归国之后，又把这一切献给了祖国学术界，促进了我国佛学经典的翻译研究与语言学、逻辑学的发展。

玄奘是在唐太宗贞观十五年（641年）动身回国的。当他回到于阗时，便写奏章向唐政府作了为何出国，如何归来的汇报。唐太宗李世民对他的归来表示欢迎。645年，玄奘到达长安，后来驻进弘福寺，开始了翻译佛经的巨大工程。他创造了一种"新译法"，以"既须求真（忠于原文），又须喻俗（便于传诵）"为原则，这是不容易办到的。经他十九年伏案苦干，译出了七十四部、一千三百多万字的佛经。他是佛经翻译史上成绩最突出的人。同时，他还把中国的《老子》及《大乘起信论》译成梵文向西域介绍，向印度介绍。又口述《大唐西域记》，详细录下了他本人西行求经，历110国的实际经历，记下了南亚各国的风土人情、风俗特产、史地沿革、建筑交通、学术文化、社会管理等情况，成为世界难得的杰著，为印度古代史的重建与研究，提供了极其宝贵的资料，得到印度学术界的高度重视。

玄奘由于积劳成疾，六十五岁时逝世。据记载，当时为他送葬的人，竟有一百多万。他是理当获得我们民族的永久纪念的。佛教文化对我们人民精神文化生活的影响深而且广，哲学、文学、音乐、舞蹈、雕塑、民俗，各个领域都深得其益。

■ 名扬域外的鉴真

鉴真，广陵（今江苏扬州）人，俗姓淳于。他于盛唐时期降生于大运河畔，自幼接触中外各种各样人士，熟悉国内国外、海内海外运集扬州的珍奇异物。他视野开阔，学识广博，青年时代就在佛学、文学、医药学、建筑学等领域中有所造诣，二十三岁即登坛讲授佛学，在扬州城主持佛教徒的授戒仪式。他修造了八十余座古寺，为寺院塑佛像、修宝塔，或铸佛像，又在寺院创设"悲田"，从事社会救济。由于他多方面的贡献，四十五岁时，便被尊为淮南道最有名望的授戒大师，名播江淮之间，受到佛教界的景仰。

当时的日本，正处于迅速发展的时期，迫切需要学习先进的汉唐文化。早在隋代统治的30年间，日本就三次派使团来华。唐代建国后，

▲ 鉴真像

派来使团十九次,每次少则一二百人,多则五六百人,除国家使节外,主要是留学生与留学僧,其任务是学习唐人的政治制度、经济理论、法律、诗文、百家经典以致各种生产技艺。733年,日本第二次遣唐使团来华,其中有两位著名法师:荣睿与普照。他们的任务是:本人要研习中国佛学,同时物色一位授戒大师,去日本主持授戒仪式。他们在长安、洛阳度过了十年岁月,终于得知鉴真大师的情况,决意邀他赴日,时鉴真已五十五岁。为了佛教事业,他决心东渡。

经过一段时间的准备,鉴真出发了。但他的弟子们舍不得,报告了政府,此行未成。第二次,船只抗不住东海大浪,在浙江海面触礁沉没了。随行工匠佛徒伤亡惨重,鉴真与其徒弟脱险归来。从此,中国僧俗再也不愿鉴真冒险远渡了。第三次、第四次东渡,都被政府"扣留"下来了。第五次,鉴真在巧妙摆脱徒众的守护与政府的"缉捕"后,于748年6月悄然离开扬州,一行35人登舟东去,不意在长江口的南通狼山脚下即遇狂风,漂至浙江海面。他们先后在两个海岛避风,到十月中旬启航。在洋面上又遇劲风,船上又无淡水,苦熬十四天,却漂到了海南岛,在振州(今崖县)大云寺居停一年,北上抵桂林,在开元寺又住一年。在此期间,他把废圮已久的大云寺与开元寺都缮修一新,重建佛殿、讲堂、佛像、宝塔等。后又应广州太守之邀去广州住了一春。途中,一直陪同他的日本僧人荣睿因病去世。离开广州后,为了减少鉴真活动的阻力,另一位日僧普照也只得告别他去了浙江。鉴真北上,在过大庾岭后因患疾而双目失明。

753年，日本第十次遣唐使从长安来到了扬州。扬州僧众当然知道这批人的来意，说什么也不愿让年逾花甲的鉴真冒风波之险去日本，就作了比以往任何时候都更为周密的"防护"工作，但鉴真本人去意已决，他们于当年11月15日又一次秘密地登船出海了。不意一到东海，又遇上风浪，不过这次倒是漂到了冲绳岛。再经几天的搏斗，鉴真一行终于战胜了狂风恶浪，到了九州——东渡终于成功了。

从742年鉴真接受邀请赴日算起，过去了12个年头，其间发生了五次重大挫折，牺牲了中日僧人36名，其中包括祥彦和荣睿这样的忠诚弟子，还有更多的商贾百工、医师画手、玉工、船工、刺绣、成衣匠、碑刻手……代价是十分沉重的。为了中日文化交流，鉴真及其追随者们，是不惜付出一切的。

754年4月，鉴真接受日本圣武天皇的委任，在奈良东大寺主持了日本佛教史上最隆重的授戒仪式。天皇本人与皇后、皇太子一起，都先后登坛受戒。随后，圣武天皇又为鉴真一行修建了唐禅院。759年，已73岁的鉴真又主持修建了一座"唐招提寺"。这座寺院建筑，体现了唐代建筑艺术的最新最高成就，采用的全是新工艺，至今保存完好，是日本全国目前保存最完整、最大、最美的古建筑群之一。

鉴真在日本生活了10年，除了传授佛学知识外，还从事广泛的社会救济活动。他把自己的医药知识全部奉献给了日本人民。一直到13、14世纪，日本人仍尊奉他为日本医药始祖，印制他的画像。鉴真在榨糖、缝纫、制作豆腐、酱油等各个手工行业里，均有卓越的贡献，至今得到日本人民的怀念，尊称他为"过海大师"，一直在纪念他的恩德。

在中外交往史上，唐代鉴真与玄奘是两位很有代表性的人物。他们吃尽了人间辛苦，换得了人类文明的进步。中国人民善于向外界学习一切有用的东西，也毫不吝啬地向域外传播自己最新最美好的东西。史载：在841至903年之间，中国去日本的使节与商舶有三十二次之多，有时一年中定期往返数次。如此密切的往来，为中日友谊打下了深厚的基础。

■ 出使难归的韩延徽

韩延徽是唐幽州安次（位于今河北省廊坊市）人，年轻时以出众的才学被幽州（治所位于今北京市区）节度使（军政长官）刘仁恭召入幕府，任命为幽州观察度支使（主管军费财粮）。刘仁恭之子刘守光囚禁其父自称幽州节度使后，任命韩延徽为参军（军事参谋官）。

后梁乾化三年（913年）十月，晋王李存勖领兵围攻幽州，讨伐自称大燕皇帝的刘守光。刘守光惊恐万状，派遣韩延徽出使契丹（都皇都，位于今内蒙古巴林左旗南。后改国号为辽）求援。

韩延徽抵达契丹后，向契丹首领耶律阿保机（辽太祖）递交求援信，坚持不行跪拜之礼。耶律阿保机大为恼火，下令将韩延徽扣留契丹，处罚他去放牧马羊。契丹人憎恶刘守光囚父弑兄（刘守文），不肯出兵救援。不久，刘守光兵败被俘，晋王李存勖占领幽州。之后，耶律阿保机建契丹国，称帝。

契丹皇后述律氏认为，老是让韩延徽放牧马羊不妥，向皇帝建议说："那个被扣留的汉族使臣守节不屈，是个贤才，应该以礼相待，让他为我们做事才对。"契丹帝听取皇后的意见，召

▲ 韩延徽像

见韩延徽与之交谈。他对韩延徽的言谈举止十分满意，任用他参谋军事。韩延徽知道刘守光已被俘杀，纵使南返，也已无从回报使命，便答应留在契丹供职。

当时，契丹开国不久，百事待举。韩延徽建议契丹朝廷仿照汉人建造宫殿，建设城市，确定君臣名分，制定相对稳定的婚姻制度，并鼓励农耕。他为改变契丹人游牧生活，促进农牧业发展，融合与汉族的关系，作出突出贡献，深受契丹君臣的信赖。

韩延徽留居契丹数年后，怀乡心切，伺机逃离契丹，回到晋阳（位于今山西省太原市西南），投靠晋王李存勖。晋王不计前嫌，收留韩延徽。掌书记（主管文秘的官员）王缄却对韩延徽十分嫉妒，极力排斥。韩延徽深感不安。为了避免祸难，不久，他以回幽州老家看望母亲为名离开晋阳。

韩延徽不敢回家探望母亲，经过常山（即恒山，位于今河北省曲阳县西北）时，他躲藏到老朋友王德明家里。过了许多天后，韩延徽决定返回契丹。王德明劝韩延徽不可再回契丹，韩延徽笑着说："我回契丹不会有什么危险。契丹皇帝失去我，如同失去左右手。他见到我回去，一定会很高兴。"

韩延徽重返契丹后，契丹帝耶律阿保机确实异常高兴，拍着他的肩膀问道："这段时间你到哪里去了？"

韩延徽回答说："我很挂念母亲，回老家看望母亲去了。"

契丹帝又问道："为什么不辞而走？既然走了，为什么又回来？"

韩延徽说："如果连母亲都忘了，我就是不孝的儿子；如果离开皇上，我就是不忠的臣子。我虽然不辞而别去看望母亲，心里却时时在想着陛下。所以，我看望了母亲便回来了。"

契丹帝听韩延徽这么说，更加高兴，赐予他"匣列"（辽语意为"复来"）之名，任命他为守政事令（试任宰相），让他参与决策军政大事。

后来，晋王李存勖派使者来到契丹。韩延徽乘机托使者给晋王带去一封信。信中说："非不恋英主，非不思故乡，所以不留，正惧王缄之谗耳。"韩延徽拜托晋王照顾他的母亲，信中许诺说："延徽在此，契丹必不南牧。"

由于韩延徽从中斡旋，晋王（后唐庄宗）在位期间，契丹和中原一直相安无事。韩延徽官至契丹宰相，历事辽太祖、辽太宗、辽世宗三朝，于辽应历九年（959年）在辽国去世，终年七十八岁。

 知识链接

昭武九姓

昭武九姓指的是中亚的粟特诸国。粟特人聚居在乌浒水和药杀水之间的那密水流域和独莫水流域，在那密水流域的若干绿洲上，建立起许多城邦国家，有康国、安国、曹国、石国、米国、何国、大寻国、戊地国和史国。《北史·西域传》康国条记载："其王本姓温，月氏人也，旧居祁连山北昭武城，因被匈奴所破，西逾葱岭，遂有国，枝庶各分王，故康国左右诸国并以昭武为姓，示不忘本也。"昭武九姓之称即由此而来，古代粟特人以善于经商出名，利之所在，无远弗届。至唐代，粟特人的商业活动达到极盛，在长安、洛阳等许多大城市中，侨居着大批昭武九姓人。他们对唐代经济、文化的发展作出了贡献。

第四章
宋元时期的外交

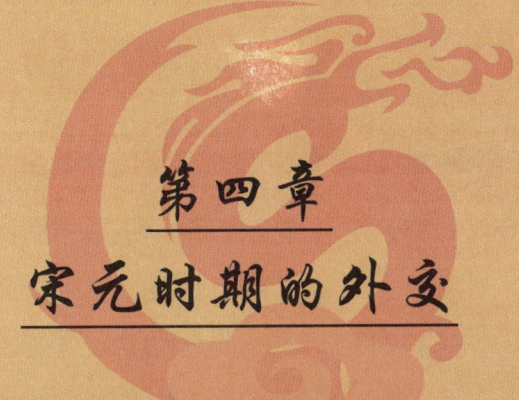

  由于国家所采取的崇文抑武的基本国策，宋朝在外交上的软弱，加之宋朝周边所面临的是强大的辽、夏，包括后来的金、蒙古等，天朝礼治外交体系被逐渐颠覆、瓦解甚至被打破，从而形成了宋代外交的特有局面。宋朝极力维护所谓的天朝礼治，外交体系面临前所未有的挑战，从而使传统的天朝礼治外交思想被不断打破、逐渐瓦解。

第一节　宋元时期与各国的关系

■ 宋朝的外交格局的变化

宋朝自立国至灭亡，建立外交关系（朝贡、进币等）的国家很多：如高丽、渤海、日本、天竺、于阗、回鹘、大食、高昌、龟兹等，这些国家有的常年朝贡，有的只是入贡一两次，不常至。还有与宋朝建立的是兄弟关系的平等国家政体，也有宋朝对之朝贡的国家。

在宋代，继承汉唐外交的衣钵，延续中华王道睦邻外交的大国遗风，建立汉唐以来的"天朝礼治外交体系"，是宋朝统治者，尤其是具有严格的正统思想又非常希望利用三纲五常及礼乐制度来约束社会活动的宋朝统治者十分渴望、梦寐以求的。这从宋太宗在太平兴国八年（983年）和雍熙二年（985年）两次发给高丽国王的《册封诏书》中可以看得很清楚。宋朝的最高统治者也希望在外交上能"信义着于睦邻，忠孝彰于事大"，希望自己"居

▲ 宋太宗像

域中之大，以大下为家、万国来庭"，希望高丽等国"慕声教于华风"。但是，"天朝礼治外交体系"能否建立，不是靠嘴上说说，发布个诏令就行的，尤其在国家与国家之间，朝廷与朝廷之间，空洞的诏书、苍白无力的说教起不了任何的作用，恐吓、威胁在外交上于事无补、毫无益处。要想建立起自己所追求的外交模式，完成自己设计的外交格局，它首先要有独特而完备的外交思想、外交理念、外交思维；其次，关键要靠国家所具有的军事和经济实力，所具备的开放的政治环境，所具备的繁荣的文化和超凡的大国魅力；再者，大国的表率作用往往也是这些自愿来到大国"朝贡"的国家、朝廷所希望的。欲正人先正己，大国如果不能很好地表现出垂范的作用，那也是不行的。因为，外交中那些专门来华"朝贡"的小国如果觉得无利可图，它们可能会自己"销声匿迹"。

　　宋朝在这几个方面都没有做好。首先，宋朝的最高统治者没有能够像汉武帝那样横扫大漠，解除北方多年的威胁；也没有能够像唐太宗那样与颉利逐鹿草原，让十万人迁往中原。宋太宗对契丹的三次亲征北伐，都以失利告终；而对金人的挥鞭南下，宋徽宗、宋钦宗也只有不断"求再造""求哀""求降"。面对西夏的屡次骚扰，宋朝尽管也想讨伐，但常常是力不从心。面对与自己不断叫劲的辽、金、西夏乃至后来的蒙古，宋朝也只有先求得自己安稳，先求得朝廷的喘息，先求得自家内部的太平，已经无暇再去顾及所谓的"天朝礼治外交体系"了。宋朝相对薄弱的军事和经济实力，使它没有力量支撑"天朝礼治外交体系"。宋朝一方面想极力继承传统大国外交的"万邦来朝"的衣钵，思想上、政治上、军事上、外交上也在努力恢复这种"天朝礼治外交体系"，但实力和处境又使得它不得不放下架子，更多地去面对错综复杂的外交纷争，甚至常常以捐钱纳币来求得相对的和平，维护边境相对的太平。这种即使在文字上表述出的"大国"模样，其背后是牺牲了太多的国内利益，落下了花钱买面子的嫌疑。其次，宋朝自身的表率作用也没有做好。雍熙三年（986年），当宋太宗要求高丽人共同出兵讨伐契丹时，又是训谕又是诏令，其理由是：国家照临所及，（高丽人）"久慕华风，素怀明略，效忠纯之节，抚礼仪之邦"。高丽人当然也出了兵。可是，1015年，面对强大而来势汹汹的契丹人，当高丽国王向宋朝求救兵，于"倾危之际，预垂救急之恩"时，宋朝却坐视不管，理由竟然是：契丹与高丽同是宋朝的"邻封""盟好"，谁也不好帮助。当然，这种只要求别人帮助自己，自己却不肯帮助别人的行为，与大国所应有的负责任的行为是自相矛盾的，结果只有将高丽"推向"契丹。于是高丽既对契丹朝贡，也时不时地来宋朝"朝贡"一下。高丽的这种"双轨外交"，也被其他国家所效仿。西夏在这方面是学得最实际的，将双轨外交用得淋漓尽致。稍有太平，西夏就时不时对宋朝边境骚扰一下，总是让宋朝不得安宁，而一旦宋朝出兵剿灭，西夏马上会上表称臣，装出一副可怜相，并割地、纳贡等，当然西夏自己也会从宋朝那儿获得更多的绢币和货物等补偿。宋朝的这种做法，彻底改变了长期以来形成的恩威并施的外交模式。

"天朝礼治外交体系"的被颠覆与破坏，是与宋朝的国策、政治制度、人事制度、外交理念密切相关的。

■ 宋与高丽、日本的关系

1. 高丽

10世纪30年代，高丽先后逼降新罗，征服百济。朝鲜半岛遂全部纳入高丽国的统治之下。高丽国在数百年中基本上独立地行使着国家主权。不过，其历朝国王，往往还在名义上接受中国皇帝的册封。

从王建到王治五朝高丽王，先后受唐、后晋、后周以及北宋政权的册封，被授以"玄菟州都督、大义军使（宋太宗时改大顺军使），封高丽国王"的名号。宋与高丽间通使，多以登州为出入海口。自992年起，辽朝开始出兵入侵高丽。高丽欲与宋朝联军抵拒契丹。但这时宋廷已决意放弃收复幽云十六州的计划，因此以"北鄙甫宁，不可轻动干戈，为国生事"为辞，仅"赐诏慰抚"，不肯出兵。此后高丽被迫与辽朝时战时和，周旋达二十余年。在此期间，宋对高丽的宗主权很快丧失，997年，王治死，弟王诵即位为高丽国王，即已受辽朝册立。不过宋与高丽的通使关系仍未完全断绝。1020年，高丽抵抗辽朝的斗争完全失败。高丽国王以降表进奉辽廷。次年，高丽即遣使至宋，告以与辽朝修好之事。1031年初，高丽王派遣的一个293人的庞大使团入朝宋廷。此后，高丽约有40余年与北宋不通使节。

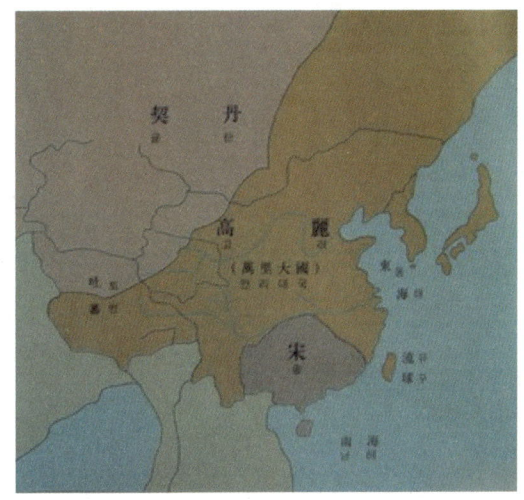

▲ 古代高丽国分布

宋神宗时，福建沿海官员密奉旨令通过高丽商人与高丽王朝联络。高丽王遂重新遣使通宋。为了避开辽朝耳目，宋廷应高丽之请，将高丽使臣入海口岸由登州改为明州（今宁波）。不久又在明州造两艘大船，号称"神舟"，专用于出使高丽。自此迄于北宋末，高丽虽奉辽朝正朔，但仍与宋通使不绝。宋徽宗宣和五年（1123年）出使高丽的徐兢，曾受高丽政府的隆重接待，归国后，写有《宣和奉使高丽图经》一书，它是研究中朝关系的重要文献。

南宋初叶，高丽曾对宋廷有通好之意。由于高丽与金朝接壤，南宋朝廷深恐与高丽交往会被金朝利用而不利于国防，所以婉言相拒。自是南宋与高丽遂不复保持邦交关系。不过两国之间的民间交往并没有因而中断。

2. 日本

自9世纪40和50年代，日本逐渐改变通过遣唐使等方式对中国开展大规模邦交活动的做法，从80年代起更全面推行锁国政策。此后，日本有很长时期不再遣使来华，只是间或有僧人访问中国。《文献通考》说，日本在"大中（847—860年）、光启（885—888年）、龙德（921—922年）、及周广顺中（952年）皆尝遣僧至中国"。这种情况一直延续到宋代。

984年，日本僧人奝然与徒弟五人浮海至宋献《日本年代纪》等书。宋太祖召见了奝然。奝然归国时，携御赐《大藏经》等物，并复遣弟子奉表来谢。11世纪上半叶，明州官府上奏朝廷，有日本国太宰府遣入贡方物而不持本国表，被宋廷拒绝。11世纪下半叶，又有日本泛海客商持太宰府牒来宋通贡，由于不合乎贡礼程式，明州官府经朝廷同意后，以本州名义，自行移牒，并将贡品的物价付给这个客商，遣之东归。此后宋与日本一直没有建立正式的邦交关系。

■ 宋与东南亚诸国的交往

1. 安南

安南一名虽始于唐代后期改交州总管府为安南总管府之时。但是历五代至宋初，该地区一般仍以交趾或交州名之。宋太祖立国的时候，交趾之地的土豪们互相争夺，丁部领征服十二使君，据有交趾。他先自称"万胜王"，后称帝，国号大瞿越。其子丁琏在位时，闻宋拓境至岭南，平南汉，遂遣使上表内附，受宋制封为交趾郡王。

丁琏死后，其弟即位，大将黎桓专断国政，竟至于将丁部领举族禁锢。宋太宗闻之大怒，遣水陆两路兵侵交趾。宋军为黎桓设计击败，被迫退兵。宋太宗杀领兵诸将，但是也只好接受黎桓的朝贡献纳，封黎桓为交趾郡王。黎氏政权传三世，共三十年，因苛虐枉法，不得人心，被权臣李公蕴推翻。公蕴遣使至宋入贡。宋真宗说："黎桓不义而得，公蕴尤而效之，甚可恶也"。但最终仍"用桓故事"，以交趾郡王封之。李氏政权期间，改国号大瞿越为大越。南宋孝宗淳熙元年（1174年），进封交趾郡王李天祚为安南国王。以安南为国名即自此时始。

  黎、李二氏统治期间，安南虽与宋通使不绝，但是仍经常侵扰宋朝边地。宋神宗时，王安石以交趾新败于占城，准备进军南征。安南风闻此事，分兵三道先寇宋境。宋军出击，追至富良江边，因安南请和退师。这一战仅调用民夫就达87万人，可见规模之大。

  李氏传八世。13世纪20年代，因为没有男嗣，政权为其女婿陈氏所据有。在宋灭亡前，两国间仍始终保持着通使关系。

2. 占城

  宋朝建国第一年，占城即遣使通贡，所上表章书予贝多叶。至10世纪之末，因受交趾黎氏侵遥，将国都南移到佛逝（今越南平定省归仁）。占城希图依靠宋朝调停，抑制安南侵寇其地。但宋朝为西北边患牵制，无力南顾，所以仅只宣谕二国"保国睦邻""令各守境"而已，并没有采取具体的行动。神宗元丰年间，宋廷因"占城与交趾为仇国"，下令共起居及宴享时听其使臣互相回避。

  自12世纪上半叶起，占城与真腊之间发生长期战争，双方都使用象阵交战，胜负不决。至70年代，有宋人因浮海失风信飘泊到占城，建议占城军乘马骑射作战。占城航海到宋，买战马数十匹，战大捷。次年再至宋朝买马，宋朝实行马禁，占城所遣人求马不得，大掠宋朝边境而归。在这以后，占城与真腊之战日益激烈，13世纪前期，它完全被真腊政权统治近二十年。所以，直至宋亡，占城与宋的通使交往也就很少了。

  占城属国宾童龙（今越南南部平顺省藩朗），10世纪末也曾遣使至宋通好。

3. 真腊、罗斛

10至13世纪之初,是真腊历史上一个极其繁盛的时期,都吴哥。在吴哥大寺的建造者、吴哥时期最强大的国王苏利耶跋摩第二时代,真腊与宋互通邦交。南宋绍兴年间,真腊曾向宋廷进驯象。13世纪初,真腊属国真里富(在曼谷湾以东尖竹汶一带)也曾向宋朝贡象。

绍兴年间与真腊一同入贡的,还有罗斛使臣。罗斛位于湄南河流域,故地为今泰国华富里一带,是孟族人建立的国家,大约建于10到11世纪。据《宋会要》载:"政和五年(1115年)八月八日,礼部言……已差人前至罗斛、占城国说谕招纳",是两国间首次交往。后其国于绍兴二十五年(1155年)来贡驯象。

4. 三佛齐

9世纪下半叶,爪哇山帝王室成员夺得三佛齐的统治权,继七八世纪的室利佛逝之后,在这里第二次建立起一个南海大国。三佛齐国都,先在苏门答腊岛土的巴邻旁(今巨港),大约在11世纪后期迁往末罗瑜(即苏岛)中部詹卑河畔的詹卑城。在11世纪前叶,苏门答腊全岛,马来半岛南部诸小国,甚至印度半岛南端的细兰(锡兰今名斯里兰卡)、注辇都成为三佛齐的属国。据宋代史料,其国王自称"霞迟苏勿吒蒲迷一",译言苏门答腊地之王。

宋朝建国第一年,就有三佛齐使臣前来

▲ 三佛齐王国

通贡。从此，两国之间一直保持着十分密切的交往。宋代三佛齐仍是东南亚佛教基地之一。11世纪初，三佛齐新建佛寺祝宋天子寿，宋廷赐"承天万寿"的匾额，并铸钟以赐。不少三佛齐使臣被赐予宋朝的官号。南宋淳熙五年（1178年），三佛齐又遣使贡方物。此后，两国的邦交活动，文献缺载。

5. 阇婆

阇婆今译爪哇。宋朝建立前不久，爪哇政权统治的中心地区已从东爪哇迁至中爪哇。《诸蕃志》"阇婆国"条说它又名"莆家龙"，即今中爪哇北岸之北加浪岸，说明中爪哇这座对外贸易中心城市具有重要地位。宋代阇婆国，以北加浪岸为中心，并包括了爪哇岛西部及其东部的部分地区，其势力范围与13世纪初兴起的杜马班朝相仿佛。

淳化三年（992年），阇婆首次遣使通宋。使臣是以往来于宋与南海之间的中国大舶商毛旭为向导来到中国的。南宋初，又封阇婆王为"琳州刺史兼御史大夫，上柱国，阇婆国王"。

阇婆有邻国名婆罗门。这个婆罗门国，应在爪哇岛东端苏腊巴亚海峡沿岸、马都拉岛及其邻近地区。此指婆罗门教信徒众多的国家，非指印度。13世纪末兴起的爪哇麻喏巴歇王朝，即以此为其统治中心地区；麻喏巴歇朝正以婆罗门教为国教。1109年，婆罗门国亦遣使通宋。宋廷诏接待礼仪同于交趾。

宋与南亚和西亚国家的关系

1. 注辇

注辇国在印度半岛东岸即科罗曼德耳海岸地区，兴起于9世纪。1015年，首次遣52人的使团携重礼至宋。据使者说，注辇国王"既闻商船，且曰：'十年来海无风涛。古老传云，如此则中国有圣人'"。所以遣使通好。使团很可能是在舶商导引下来华的。在这前后，注辇不仅据有整个南印度,其势力北面到达孟加拉地区。1025 年,注辇出动海军进攻三佛齐,获三佛齐王,并且攻掠了马来半岛的若干城邦小国,在此之后相当一段时间,注辇的势力超过三佛齐而称霸南海。北宋一朝,注辇数次遣使通宋。1077 年,注辇使臣入宋,"请用夷礼以申问慕之心。乃奉银盘于殿,跪撒珠于御榻下而退。"

2. 天竺

宋代亦称印度。北宋之初,后汉时入印度的僧人道圆回到中原,宋太祖即召问所历风俗、山川、道里等。982 年,益州僧光远从天竺回国,带来某天竺王表章一通,说"近闻支那国内有大明王,至圣至明,威力自在。……蒙赐金刚吉祥无畏座释伽圣象袈裟一事,已披挂供养。……今以释加舍利附光远上进",表文说明光远西游,是同时带有宋廷的外交使命的。993 年,有东印度王子至宋通贡。

天竺之法,国王死,太子袭位,其余诸子都出家为僧,而且不准留居于本国。宋太祖时,有天竺王子随中国僧东来,馆于汴京相国寺,宋人争相施财。后因遭妒嫉,离开相国寺他去,不知所往。在宋朝,不时有僧至中国献梵经、佛骨等。

3. 大食

这时指阿拉伯帝国的阿拔斯哈里发(宋代译为诃黎佛)朝,不过,奉哈里发为教主的诸多穆斯林地方王朝,也往往被冠以大食之名。968 年,哈里发朝首次遣使通宋,"自是供奉、商船往来不已"。除政府的使臣外,到宋廷贡献方物还有诸多穆斯林地区的商人。1008 年,大食舶商向宋廷献玉圭,长一尺二寸,据说已传五世,"长者传云,谨守此,俟中国圣君行封禅礼而驰贡之。"这一类贡献自然是直接地出自商业目的。

4. 层檀

1071 年大食层檀国使臣至宋。据宋代史料记其四至之地,它应当是波斯塞尔柱突厥算端王朝。当时塞尔柱算端已被哈里发授予"众异密之异密"（宋代译作亚美罗亚眉兰）。层檀即算端一名之异译。

5. "拂菻"

据宋代史籍，1081年，"拂菻"遣使由陆路东行通宋。十年后（1091年），"拂菻"使臣又两至中国。马端临已注意到，宋代的"拂菻"与隋唐时代的拂菻所指可能不一。它们似乎不是指拜占庭朝的东罗马帝国，而应当是指据有其东部疆域即小亚地区的塞尔柱突厥王朝，罗姆算端国。

元与高丽、日本的政治关系

1. 高丽

1218年，蒙古军队追契丹余部，首次进入高丽，此后遂不断进征其地。高丽为抵制蒙古承受了巨大的损失，国中成年男子，几乎大部分被杀或被掠走。中统元年（1260年）忽必烈刚即位，高丽国王去世。元朝政府将在中国充当质子的高丽王族王倎送回国去即位。宣布撤还兵戎，对高丽过去的反抗"一切勿问"，但要求高丽王室履行将朝廷从江华岛迁回王京（今开城）的诺言。接着，元政府不断命令高丽签军、造船、备供征粮，引起高丽朝野的不满。1269年，高丽朝臣废元朝所立高丽国王，另拥新君。元军大兵压境。高丽西京（今平壤）及西北地区六十余城降元（后来被归还高丽）。原国王在元朝支持下复位。抗元军队退入江华岛，被击溃，入耽罗。元军进而攻入耽罗，迫耽罗国降附。后来因高丽要求，复将耽罗归隶高丽。此后元与高丽之间没有再发生战争。

忽必烈为征日本，1283年，在高丽设"征东行中书省"。该行省的名义，与元朝国内各行省性质不同。高丽国王王昛就是行省丞相，与蒙古军将阿塔海共领行省事。高丽国王在其境内,拥有自行设置官府、考试取士、征收赋税、施行号令的权力，基本上独立地行使着国家主权。

不过，作为元朝的"属国"，高丽还时常受到元朝的压迫和榨取。元政府为笼络南宋降军，遣使到高丽为他们"求娶妻室"。元使偕同高丽官员"穷搜闾井独女、逆贼之妻、僧人之女"。临行之日，"哭声震天，观者莫不悽唏"。为远征日本，元政府迫使高丽出兵卒、水手、战船和征粮，更是高丽百姓沉重的负担。

2. 日本

从 1266 年起，忽必烈开始不断遣使日本，企图"诏谕"该国向元朝表示归附。八年之间，元使七至日本。日本天皇曾命朝臣拟就答元国书，但因镰仓幕府力主不予回牒的强硬态度而没有送达元廷。1274 年，元军从高丽渡海侵日，遇日军抵抗不能深入，又因遇飓风，战舰多触礁摧毁，被迫班师。因是年为龟山天皇文永十一年，所以日本历史上称是役为"文永之役"。

次年，忽必烈又遣使日本，幕府欲使元廷"永绝窥觎"，杀元使，仍不予回牒，同时严边海守戍以备蒙古，并且还制定了一个"征伐异国"的计划，在国内限日登记大小船舶、水手舵手、出征将士的年龄、武器等，严令"若及遁避者，可被行重科"。此后数年内日本军不断骚扰高丽乃至元朝边境，即与这个"征伐异国"的计划有关。

1281 年，元军再次征日。东路军从高丽渡海，江南军从庆元（今宁波）起航，两军期于日本壹岐岛会师，总兵力达 14 万，共有战舰 4400 艘，"隋唐以来，出师之盛，未之见也"。江南军失期迟至。大部元军进屯鹰岛，未经大战，即遇飓风，元军"缚舰为城"，联结一起，因为"震撼击撞，舟坏且尽，军士号呼，溺死海中如麻"。东征将帅弃十余万士卒于岛上，择坚好船只率先遁走。日军乘势进攻，尽杀蒙古、高丽、北方汉人军卒，虏南宋降服军士为奴。只有一小部分溃军逃回国内。日本史称是役为"弘安之役"。

这次大败后，忽必烈又曾几次造船签军，准备侵日，终因朝野一致反对，没有真正实施。日、元之间也始终没有正式建立关系。

■ 元与南海诸国的通使和战争

1. 安南

13世纪50年代，忽必烈平云南后，蒙古军水陆并进，侵入安南。安南王陈师御敌，象骑为蒙古军所射，惊奔反踩，军大溃。安南王从京城升龙（今河内）避入海岛。不久，蒙古军因燠热撤兵。安南随即遣使通贡。

忽必烈即位后，以入朝、纳质、括户、签军、输赋、置官监临六事责安南王。安南王不甘蒙古凌铄，抗命不从，并以巧辞自辩，与元廷周旋。使节往返十余年，安南仍不肯就范。元廷想在安南建省，就便控制真腊、占城、云南、暹、缅诸地，遂于至元二十一年（1284年）以假道往征占城之名进军安南境。安南起兵抵抗。安南国王再次尽空京师，走避山林。元军擒获流亡安南的南宋朝臣400余人。在占城的元军正打算在这时撤兵北归，遂与入侵安南的元军配合作战。元军追捕安南王未果，虽然常有小仗获胜，但困于地势，无法施展骑兵优势，而且也找不到安南主力一决胜负，因此逐渐陷入被动。至夏末，元军被迫撤兵。安南军乘势追击，元军力战出境。

至元二十四年（1287年），元军又出兵安南。安南王复弃城遁。不久，因朝野反对，元

▲ 忽必烈像

廷被迫下诏止军。但到1288年正月，元军再次分道由水陆侵入安南。安南王复走入海。安南军队仍采用坚壁空城、以逸待劳的战略。春末，元军因运粮船失期不至，惟恐粮尽师老，只好退兵，受到安南军队的堵击，被迫改道撤回。安南王遣使求和，"进金人代己罪"。忽必烈在位末年，又准备第四次入侵安南，但还没有出兵他就死了。成宗即位，诏罢征。后两国间一直通使往来。元朝也不再提出要安南王入朝以及置官钤压等事了。

2. 占城

元初，占城仍是安南属国。元朝灭宋后，遣使告谕占城。占城国王纳贡归降。至元十九年（1282年）底，因占城王子截留元朝海道使臣，唆都率元军由海道往征其地。占城军在国都以西筑木城抗元军，至元二十年（1283年）正月十五日，元军攻入木城，占城国王兵败退入山中。又借安南、真腊、阇婆等国兵与元军交战，诱其深入，从旁出截归路，元军死战得脱。以后元军虽屡有小胜，但作战逾年，仍未结束战局。元廷于至元二十二年（1285年）三月发兵增援，未及抵达，唆都已率军撤向安南。元后至之师匆匆谕降占城国王后退兵。

在这以后，占城经常同时向元朝和安南入贡，并且试图依仗元王朝阻遏安南侵吞其国土。14世纪20年代，占城击败安南进征之师，遂停止向安南纳贡，但仍与元通贡。

3. 真腊

元朝在占城退兵次年（1285年），占城入贡。随占城使者一同入贡的，还有其南邻真腊的使臣。1292年，元朝遣使随同出征爪哇的军队诏谕占城及真腊。但此次使节，迟迟没有回国报命。因此，元成宗即位后，因前使被拘执不还，乃又遣使臣前往诏谕。随行人员中有周达观。1296年春自明州出海，至秋始抵其国。周达观在真腊留居一年，返国后著《真腊风土记》，是研究吴哥时代柬埔寨社会文化的重要史料。

当时，真腊国势开始下衰，国内有些地方因与暹罗人交战而成旷地。

真腊亦名柬埔寨，该名称很早就见于当地碑铭中。到元代，汉文史籍中也出现千不昔、甘不察等译名。终元之世，真腊时有入贡。元朝皇帝出行，用象"以导大驾，以驾巨辇"，所以元政府一再向东南亚国家索贡驯象。真腊同安南、占城一样，也经常向元廷进贡驯象。

4. 暹国、罗斛

11世纪后期，散布在澜沧江、湄公河下游直到萨尔温江上游之间的暹人（属泰语族，亦称泰族人），乘真腊在该地区势力衰微，逐渐建立起一些独立的小邦国。1238年，湄南河上游诸河地区的暹人，攻克真腊西北首府速古台（在今永河流域宋家洛附近），建立了一个暹人国家，称为速古台王朝。经过大约半个世纪，速古台王朝东面据有今老挝大部，西面与缅国之南的自古接界，南面或曾控制湄南河下游的罗斛，乃至马来半岛北部原属三佛齐势力范围内的一些小国。1292年，暹国使者持金册（国书）至广东通聘。次年，忽必烈遣使赴暹。从此两国间通使不绝。中文史料记元成宗初暹国国王名敢木丁，当即译音，译言国王。据暹史，13世纪70年代至14世纪初期，是速古台王朝第三代国王坤拉玛甘王（又译拉玛甘亨）在位期间，据载，他曾先后两次亲朝中国。在第二次来中国时，带回去一些陶瓷工匠，在速古台及其他城市建立了陶瓷工场。

孟族人的政权罗斛与元建立联系，略早于暹国。14世纪中叶，一个出身于泰族首领家族的孟族君主的女婿控制了暹国大部。他迫使处于衰落中的速古台政权臣服，承认他的宗室地位。这个强大的新国家不久即移都阿瑜陀耶（译言大城）。明代史料即把这个新国家称为暹罗。

5. 麻里予儿

麻里予儿是马来一名所出的另一种形式。不过，在13、14世纪，它仍不指今马来亚，而指苏门答腊岛中部詹卑河流域为中心的马来人的明囊伽宝王朝，苏门答腊岛和马来半岛上的各小邦国（包括位于苏岛西北部的"苏木都刺"国在内），都是它的属国。当时的汉族一般仍旧以三佛齐称之。蒙古人则以其族属名称称它为麻里予儿，木剌由，或以其国都詹卑名之，元代汉文史料音译为占八国、蘸八国。13世纪下半叶，暹国势力南进，争夺原来在麻里予儿控制下的马来半岛。两国间时有战争。

麻里予儿在13世纪后半叶已向元朝遣使归诚。它或曾求助元政府调停其与暹国的关系。所以1295年元成宗诏令暹国"勿伤麻里予儿"。

6. 爪哇

13世纪20年代，爪哇政权易手，新王朝史称新柯沙里王朝。13世纪下半叶，新柯沙里王朝先后向马拉都、巴厘等邻近岛国，乃至麻里予儿地区扩张势力，力图建立抵御蒙古势力南进的联盟，与此同时，爪哇曾先后两次遣使入元。爪哇国王对元政府一再强令他入朝十分反感，遂于1289年将元朝派去的使节黥面遣归。忽必烈于是下令"征讨"。

至元二十九年（1292年）冬，元军由史弼等率领自泉州出海，次年春至爪哇。这时爪哇新柯沙里国正与葛郎交战，国王被杀。国王女婿土罕必阇耶伪降元军，邀元军助击敌兵。元军分三道助土罕必阇耶败敌，敌军被杀五千人，挤跌入河淹死者数万人，出降。土罕必阇耶见乱平，倒戈进攻元军，迫使元军撤兵。

土罕必阇耶建麻喏巴歇王朝，成宗元贞元年（1295年）土罕必阇耶即遣使与元朝重修和好，从此两国间时有使节往返。

第二节　宋元时期的外交管理制度

■ 两宋时期的外事制度

　　五代十国后期，汉族统一已成为历史趋势，后周显德七年（960年）北汉与辽结盟进攻后周，周大将赵匡胤率军御敌。周军开至开封城东北的陈桥驿，匡胤部下以周恭帝年少（7岁）不能行使皇权为由，而加黄袍（帝王装）于匡胤之身，推为皇帝。这次兵变，旨在解决帝位问题，反映军队强烈要求有一位坚强的政治家来结束分裂局面，实现汉族的统一。赵匡胤"陈桥驿黄袍加身"后，率军折回京城开封，京中石守信在宫中内应，周室让位。由于赵匡胤曾任宋州（今河南商丘）归德军节度使，而改国号为宋，定都汴京，史称"北宋"。

　　赵氏建宋后，第一步统一原后周政权的中原领地，巩固了新政权。宋太祖立志统一中国，但在南进还是北进的问题上难以定夺。考虑到辽国的强大，宋朝决定"图南与其易"，先夺取南方，进兵两湖，而对北辽和西夏采取了防御的策略。为了不得罪辽国，宋把北汉政权（与辽有同盟关系）当作最后一个攻击目标。宋太祖从乾德元年（963年）到开宝四年（971年）共八年中，先后灭掉荆南、南平、后蜀、南汉，夺取川陕、两湖、两广之地。江南还存在一个后唐政权。后唐皇帝李煜是一个极好的"春花秋月"诗人，但政治上却十分无能。公元975年唐后主遣使徐铉等第二次"奉表乞缓师"，表示事宋如事父。但宋太祖回答说:"天下一家,卧榻之侧,岂容他人鼾睡!"975年,宋兵攻入金陵(今南京)。俘唐后主,灭南唐。南唐灭后,邻近的吴越降宋。此时宋太祖已死,其弟赵匡义继位,称宋太宗。

宋太宗统一南方后,北方还剩下五代十国的割据政权之一——北汉,位于太原地区。北汉与辽国为盟。宋太宗亲自讨伐北汉,北汉请援于辽。辽宋第一次冲突开始。979年,宋军打败辽国援军,乘胜围攻太原,北汉亡。至此,宋朝经过两代人的努力,终于征服了中原和江南,基本上统一了汉族,但没有统一中国。辽族在中国北方统治的版图就面积来说比宋朝大一倍以上,而且西部的党项族正在兴起,中国境内再次形成三大力量中心。

宋朝统治者为了防止割据势力的再起,加强了中央集权。宋沿唐制,但权力更加集中,政府机构庞大冗杂。宋朝国力日渐虚弱,对外完全采取守势,甚至多次屈辱求和。在外事制度上,皇帝具有对外决策决定权,中书门下政事堂及枢密院"对掌大政",参与对外政策的制定。《宋史·职官志》介绍了枢密院的职能:"掌军机国务、兵防、边备、戎马之政令,出纳密令,以佐邦治。"宋朝外交,主要是对辽、夏两国和后来的南宋对金、元两国,海外邦交已无唐朝盛况。宋朝仍设礼部、光禄、鸿胪寺等涉外机构,但"官无定员,无专职"。如鸿胪寺下属外事部门有都亭西驿、礼宾院、怀远驿、同文馆、客省使、引进司、四方馆等。宋朝主要外事官是主客,主掌迎送宾客和官方"朝贡"贸易。

宋主客司主要负责外来客的接待、布礼和发送。对于宋朝来说,并不像今天这样划分中国内外,因而凡不属宋政权统治的政权,包括辽、金、蒙古,都是"外国"。宋人庞元英在《文昌杂录》中记载:主客司只负责东方、西方、南方外蕃事务,而北方的辽、金、蒙不在主客司所掌之列。可见宋国对辽、金、蒙的外交直接由朝廷办理。

《文昌杂录》载：

主客所掌诸蕃，东方有五：高丽、日本、渤海靺鞨、女贞（建立金朝以前之女真族）。

西方有九：西夏国、董毡、于阗、回纥、龟兹、天竺、沙门、伊州、西州。

南方十有三：交趾、渤泥、拂菻、住辇、真腊、大食、占城、三佛齐、阇婆、丹流、陀罗离、大理、层檀、勿巡、俞卢和。

由上可知，除与辽金有外交活动外，主客在宋朝的外事中起重要作用。"朝廷所以待远人之礼甚厚，皆著例录，付之有司。而诸蕃入贡，亦无虚岁焉"（《文昌杂录》）。从这句话可知主客司保存"例录"，用现在话说就是管理外交档案。还可以看出主客司掌宋与外蕃"贡赐"，即外国赠送和宋朝回赠这样一种特殊的官方贸易。而对民间贸易，另设各港市舶司。

宋朝同辽、夏、金、元等中国境内北方先后出现的政权之间的外交，政治因素多于经济因素。宋朝软弱，军事上长期被动挨打，因而外交上只能求和忍让。然而宋朝在其三百多年的历史中，与海外的交通并未因中原战事而中断。辽、夏、金及后来的蒙古先后堵住了宋朝从陆上到西域或到朝鲜的通道，因此宋朝的对外联系大都通过海路。

宋朝发展海外关系的目的在于发展贸易。南宋高宗在1146年传谕说："市舶之利，颇助国用。宜行旧法，以招徕远人，集通货贿。"（《宋会要》）实际上，北宋开国时就有意继承汉唐以

▲ 古人生活图

来与南海及西洋的贸易关系。雍熙四年（987年），宋太宗派遣宦官八人，分四路。每路"赍空名诏书（国书）三道，于所至之处赐之"。各路使臣"住南海诸蕃国，勾招进奉"。宋与海外的官方贸易，形式上还是以"朝贡"和"回赐"为名。但宋朝不如唐朝强大，远方自然不会自动朝贡，宋朝只有主动到外拉生意，即"勾招进奉"。宋朝这种政策，用现代话说就是对外开放。宋对外开放期间，官方"贡赐"贸易额今天是无法统计的。宋人周去非《岭外代答》一书介绍南方海国名近30，《诸蕃志》所载海国诸国及附国多达90个以上。至于民间贸易更是不可计数。与宋国有贸易关系的地区按今时地名划分就是：东亚（高丽、日本），东南亚（菲律宾、印尼群岛、马来半岛、中南半岛、缅甸），南亚（印度、孟加拉、斯里兰卡），中亚细亚阿拉伯地区，东非、北非和欧洲地中海诸国。两宋时期对外贸易开放的港口就有广州、明州、宁波、杭州、泉州、密州、秀州、温州等。为了加强对外国官商（贡使）和民商进行管理，使国家安全不受威胁，宋先后在以上开放港口设置市舶司，既保证了外商利益和方便，又适当对中外民商征税以充国库。市舶司的职责是："掌蕃货海舶征榷贸易之事，使来远人，通远物。"市舶司包揽当今海关、边防检查站和远洋公司的职权。

　　宋朝重视与海外的贸易关系，对中外商人和上交税利多的市舶司官员都予以奖励，两宋300多年历史中，中外贸易十分兴隆，北宋通过一系列的商务管理，获取了巨额利润。仁宗皇祐年间，市舶收入达53万贯，英宗平治时增到63万贯。宋朝"荒外之功"，主要是讲实惠，宋代以前如汉、吴、隋、唐，多以"泱泱大国"自居，对外只讲"怀德"，不计"小利"。而宋朝虽然也自称"绥怀外夷"（语出《岭外代答》），但较多地讲求经济收益，而且效果显著。

元朝的外交职官制度

蒙古族英雄成吉思汗横征中亚、欧洲后，灭金、灭夏，其孙在中国建立了元朝。

忽必烈击败与他争夺汗位的阿里不哥后，重用汉法派，并把蒙古汗国的统治中心由和林迁到新建的燕京城。他改变了蒙古传统的贵族民主选汗制度，仿照汉人预立皇太子的办法，这表明蒙古已在政治体制上走向了封建专制。公元1271年，他取《易经》中"大哉乾元"成语，正式改国号为大元，取意为"大的开始"，定都大都（今北京）。元朝建立后，又对南宋小朝廷进行了8年征战，终于在1279年实现了中国历史上空前的大统一。元朝时，中国的疆域连"汉唐极盛之际有不及也"。《元史·地理志》记载元朝的四至："北踰阴山，西极流沙，东尽辽左，南越海表。"至此，中国从唐末以来三百多年的分裂状态（前有五代十国，后有辽宋金元四朝）宣告结束。中国真正成了多民族的统一国家。吐蕃、大理（唐时称南诏）、台湾、南海诸岛都正式成为中国元朝版图的一部分，不再是时归时离的蕃属。

元朝建国后，沿宋、金之制逐步建立了中央和地方统治机构。对外决策方面，中书省、枢密院都是皇帝处理外事的幕僚府。中书省下有六部，左三部之一为礼部，后将吏部和礼部合并为吏礼部，再后又使六部独立（《历代职官表》卷5，《吏部·元》）。元朝仿唐设九寺五监，但无鸿胪寺，另置会同馆，掌诸蕃朝贡之事。九寺五监从属于六部，会同馆则由礼部领之。"会同馆，秩从四品，掌接伴引见诸番蛮夷峒官之来朝贡者"。元贞元年，遂为定制。

元朝给吐蕃地方的自治权较多，因为元朝统治者崇信喇嘛教。元设宣政院，主管宗教事务，兼管吐蕃地方行政。宣政院有某些外事职能，如对外宗教交流等。

元仿金设宣徽院,但性质有区别。元宣徽院只掌元所封诸王之供应,"燕享宗戚宾客之事,及诸王宿卫"等。这里说的诸王,是与元朝并列的其余蒙古汗国。

元设通政院,掌管全国驿站。元朝时陆上交通无阻,元朝西部三汗国是元朝蒙古统治者的"兄弟之国"。元朝在包括边疆在内的全国各地建立完整的驿站制度,以保护国内消息的传递和中外往来的畅通。《元史·兵志》介绍了驿站的作用:"元制站赤者,驿传之译名也。盖以通达边情,布宣号令""四方往来之使,止则有馆舍,顿者有供帐,饥渴者有饮食,而梯航毕达,海宇会同,元之天下,视前代所以为极盛也。"意大利著名探险家马可·波罗说这些驿站"陈设华丽,即使王侯在这样的馆驿下榻,也不会有失体面""为来到帝廷的专使和往来穿梭于各省和各王国之间的信差,提供了最大的方便。"这些都说明驿站起部分外事职能作用。在通政院下还设廪给司。"掌诸王、诸蕃,各省四方边远使客饮食供帐等事。"

元朝时中外交通盛况胜过唐朝。外国来华的使者、商人、探险家、旅游者甚众,尤其是中亚、西亚色目人。各民族、各国家交流总存在语言不通的问题。元朝因署译史、通事官掌翻译、约文等外事工作。"译史、通事选识蒙古、回回文字,通译语(翻译官)正从七品流官,驻元任地方,杂职不预"。翻译隶属礼部。由此可知,元朝有职业翻译官员,其工作"不预",有外宾来则当译员。高级译员的级别相当于县令一职(七品)。

元朝使节没有固定官员,也不由外事机构选派,而是朝廷直接派召。《元史·世纪本纪》载:至元十九年(1273年),九月"诏讨使杨庭坚招抚海外南蕃,皆遣使来贡……"诏讨使(诏谕使)便是元朝派出国外访问的外交使团团长。元朝不排外,外国能人来中国,元朝多将外交使命托于外人。马可·波罗就多次奉元朝之命出使海外,从而使马可·波罗能写出日本、安南、缅国、印度以及西亚、东非各地的见闻。有时，礼部尚书、郎中或会同馆使也作为特使派往国外。世祖中统元年（1260年）十二月，礼部郎中孟甲为南谕使、礼部员外郎李文俊为副使出访安南。中统十五年，礼部尚书柴椿、会同馆使哈剌脱因、工部郎中李克忠等也曾出使安南诏谕。

　　国家派往他国使臣，都是中央决定，而外交机关均无派遣权，古代历朝尽守此制。现代外交使团团长不会在级别上高于外长，古代不然。古时使臣一般不常驻国外（人质除外），使团都是临时派往，完成使命则还国述职。所派官员级别，无规格限制，礼部尚书也可充使前往。使节直接对皇帝负责。元世祖至元年间，行中书省左丞唆都等奉玺书十通，诏谕诸蕃。未几，占城、马八儿等国俱奉表称藩，唯俱蓝国未下。行省议遣使十五人往谕之。帝曰："非唆都等所可专也，若无朕命，不得擅遣使。"（《元史·马八儿等国传》）。

　　外交使节由国家元首（封建社会为皇帝）任命，至今亦然。

　　蒙古族统一中国建立元朝后，立即设法恢复中国与海外的贡赐贸易，因此，元朝对外政策的目的就是以发展外贸为主。元仿宋制，在沿海重要贸易港口设市舶司（市舶司制度从宋朝开始，到明朝后期因倭祸严重而中止）。《元史》卷94《食货志·市舶》记载："元自世祖定江南，凡邻海诸郡与番国往还，互易舶货者，其货以十分取一，粗者十五分取一。以市舶官主之。其发舶回帆，必著其所至之地，验其所易之物，给以公文（航海执照），为之期日，大抵皆因宋旧制而为之法焉。"元在泉州、庆元、上海、澉浦等地市舶司都由元地方行省长官兼管。先后建立市舶司的港口泉州（当时世界大港）、温州、广州等地，由于国内外商船剧增，"隐漏物货者多"，于是元中央政府加强了对外市舶的管理。元贞元年（1295年），"命就海中逆而阅之"（海上查检船货），大德元年（1297年）罢行泉府司。二年，并澉浦、上海入庆元市舶提举司，直隶中书省。由于市舶司不能管理控制繁乱的贸易事务，元朝几次罢地方市司。大德七年，曾"禁商罢海"。延有元年（1314年），"禁人下番，官自发船贸易"。可能是官方嫉妒商人致富，政府就包揽了对外贸易，此后，长期申严市舶之禁。尽管元朝对民间贸易屡加限制，不少中国商船仍能突破官禁，进行海上走私。有的组织海上武装集团同官军对抗，甚至勾结外国海盗，进行武装走私。后来终于形成为患中国二百余年的"倭寇"。

第三节　宋元时期的著名外交家

■ 据理力争的富弼

他是一位执着的和平使者，因为他的出使，一场迫在眉睫的战争被消弭于无形，"能使南北之民，数十年不见兵革"；他是一位勇敢的斗士，他的滔滔雄辩、机敏智慧征服了辽国，维护了国家的尊严，保全了国家的领土；他就是富弼，宋朝杰出的外交家。

富弼，字彦国，河南人，生于宋景德元年（1004年），宋元丰六年（1083年）逝世，享年80岁。

富弼是一个忠贞为国的外交家。与岳飞的"仰天长啸，壮怀激烈"、文天祥的"人生自古谁无死，留取丹心照汗青"的悲壮不同的是，富弼数次赴辽国谈判，凭借自己滔滔雄辩、折冲樽俎的外交努力，终于折服了辽国君臣，赢得了和平，维护了国家领土完整。

公元960年，赵匡胤陈桥兵变、黄袍加身，结束了五代十国的分裂局

▲ 富弼像

面，建立起宋朝。

然而，公元910年，契丹民族已先于宋在北方建立起辽国。辽国兵强马壮，极其强大，其势力当时已经扩展到东至松花江、西抵天山脚下的地域。趁着中原大乱，辽国还轻而易举地得到了长城以南的"燕云十六州"，势力进一步扩大，与宋朝形成对峙。宋真宗景德元年（1004年），辽国结集10万大军，挥师南下，直指汴京，索取南关之地。宋朝展开反击，双方激战正酣时，朝廷主和派却唆使真宗求和。最后在澶渊，宋朝与辽国缔结了停战协定，宋朝以每年向辽国献银10万两、绢20万匹的代价，保住了关南十州，换来了屈辱的和平。这就是历史上著名的"澶渊之盟"。

宋仁宗初年（1032年），宋朝西北边陲的西夏李元昊宣布脱离宋朝，成立了西夏帝国，对宋朝边境形成威胁。宋出兵讨伐李元昊，结果实力不济、兵败城下。正当宋朝西北告急之时，辽国看到宋朝对李元昊无能为力，趁机落井下石，兴风作浪。宋仁宗庆历二年（1042年），辽军聚集大部军队，屯兵燕蓟一带，放言欲南下攻取关南之地（今河北雄县以南，包括任丘、河间一带）。在强大的武力后盾保护下，为摸清宋军真实的军事实力，辽国又派出了使臣萧英、刘六符到宋京探听究竟。

大军压境、辽使入京，宋朝野震恐，束手无策。刚刚在西夏吃了败仗的宋朝，正庆幸与辽国订有"澶渊之盟"、年年纳贡得以苟安时，却不料辽国突然翻脸，撕毁停战协定，在边界屯积重兵，再次声言要攻取关南之地，威胁宋朝疆土。设若宋朝与辽国兵戎相见，宋必然陷入两线作战的艰难境地。依据宋朝当时的国力、军力而言，想要取胜的把握几乎为零。如此一来，与辽国讲和就是唯一的出路了。

辽使即将到达宋朝边境，按照礼仪，宋朝需派出外交使节到边境迎接。满朝文武官员虽然都认识到辽国此番遣使入京居心叵测，但却苦无良策。官员们谁也不愿背上卖国求和的骂名，去迎接来使，于是互相推诿，相互扯皮。仁宗忧心忡忡、满心焦虑。正在万难之际，宰相吕夷简突然想到了昔年曾出使辽邦的富弼，于是向仁宗力荐由富弼出面接待。

堂堂礼仪之邦，居然连迎接来使的勇气都没有，事关一个国家的尊严和荣誉。当时身为翰林院一名知制诰（即代皇帝撰写文书的官员）的富弼一听，毫不犹豫地决定置个人荣辱于度外，慨然允命，挺身而出。于是，富弼被任命为"接伴使"，相当于现在的礼宾官，与宋使一行赶赴边境，迎接辽方来使。

辽使萧英一行骑着马，趾高气扬地来到辽宋边境。下得马来，宋朝使者宣读皇帝口敕，对辽使一行表示慰问。按当时交往的礼仪，来使见到宋朝皇帝的代表，应当行大礼参拜。不料萧英仗着辽国强大，硬是不拜。富弼挺身而出，提出抗议："宋辽两国君主，兄弟相称，如今宋朝皇帝特使传旨慰劳，为什么不行礼参拜？"萧英不以为然，借口有病在身，难以行大礼。富弼一听，义正词严地指责说："昔年我出使北国，卧病车中，闻汝主命，即起尽礼。你怎能称病就废礼呢？"一番话说得萧英无言以对，只好起身参拜。

富弼首战告捷，大挫辽使气焰。萧英也不敢怠慢，有所收敛。

回到东京，辽使觐见仁宗，宣达辽主问候，被安排在馆舍住下。富弼随行陪同，以礼相待，多次与辽使坦诚相见，互相磋商。萧英深受感动，便也未隐瞒来意。他告知富弼辽方的真实意图是欲取关南之地，并透露了辽方的谈判底线，要么宋朝割地，要么增币，和亲也未尝不可。

富弼探知辽方意图，立即奏明仁宗。仁宗与大臣们商议再三，考虑到当时国家的实力，决定忍辱负重，增加岁币，求得和平，并决定派出谈判使节出使辽国，与辽方磋商。在出使人选上，朝廷又犯了难。此次谈判，任务艰巨，必须得选一位能言善辩、有胆有识的人才行。

宰相吕夷简再次举荐富弼。他认为，富弼有出使辽国的经验，同时机智过人，能够随机应变。这次派他出使辽国，肯定不会有辱使命。

富弼在迎接辽方使者上表现出的有理、有利、有节深得仁宗赏识，此时一听宰相进言，深表赞同，于是欣然下旨，命富弼随辽使前往谈判。

辽国重兵压境，来者不善；此行如羊入虎口，吉凶难测。富弼肩此重任，许多亲朋好友深深为他担忧。时任集贤院校理的欧阳修，就极力劝阻好友不要领命。然而，国家有难，怎能置身事外？富弼思前想后，深感此行关系国家安危、百姓生活，于是怀着满腔报国之愿，毅然决定接受命令，出使辽国。

临行前，富弼叩拜仁宗，表明自己的忠贞为国之志，并承诺："此去，除增币外，决不妄允一事。倘契丹意外苛索，臣誓死以拒之。"仁宗为之动容，启程之日，面授富弼为枢密直学士。宋朝的枢密院，掌军政，握有实权。富弼坚辞不受，他叩奏道："国家有难，义不惮劳。怎敢无功受禄呢！"仁宗听罢，对富弼的忠勇之义更加激赏。即日，富弼与辽使萧英一行，离开宋汴京，赶赴辽国都城临潢。

富弼出使，前景难料。为增加谈判的砝码，宋决定在军事上采取一些相应的措施，作为谈判使者的军事后盾，应对辽军聚集幽、蓟，炫耀武力之举。几经廷议，最后决议：在幽州、蓟州一带，建立大名府加强管辖，同时命令将军王德用在河北一带操练兵马，虚虚实实，迷惑辽军。果然，辽军派人刺探宋朝军情，恰逢王德用率领精兵日夜操练，威风凛凛、军容整肃、装备精良。辽兵回报，宋虽败于西夏李元昊，但未伤元气，兵精粮足、强盛如昔。如此一来，辽帝耶律宗真意识到，索取关南之地，实非易事。

富弼等一路风餐露宿，历经艰辛，几经耽搁，终于抵达辽京。次日被引见辽主耶律宗真，宗真设宴款待。席间，双方唇枪舌剑，展开交锋。富弼争锋相对，据理力争，对答如流。

谈判开始，富弼开门见山、先声夺人："两朝人主，父子相继，40年相安无事。今辽国挑起事端，寻衅滋事，无故来求割地，究属何故？"宗真雄才伟略，不愿示弱，反过来以"南朝违约"为借口，质问宋朝为什么要闭塞雁门、增设塘水、治理城隍、登籍民兵？并假惺惺地邀功说："我国群臣，都请举兵讨伐宋朝，是我主张先遣使质问，并索关南故地。若南朝不肯相让，再举兵不迟。"

富弼听后并不领情。他摆事实，讲道理，动之以情、晓之以理，态度强硬地回应道："北朝难道忘了我朝先帝的恩德了吗？澶渊之役，我朝将士，个个主张开战。若先帝听从众将之言，恐怕辽军生还无望。先帝顾全南北兄弟情谊，这才特地与辽国订约修好。"宗真大惭，富弼趁机进一步谈起双边和战之利，他说："北朝与中国通好，利在人主。若用兵，则利于臣下，而人主空担其祸。现在，北朝又欲发动战争，想是北朝臣下，为自身谋利，不管人主的祸福。"

辽主不觉一惊，刨根问底道："为什么说动干戈是不管人主的祸福呢？"富弼洞悉辽主心理，趁机提出后晋石敬瑭功高叛主（后唐）的历史故事，大加游说。他说："昔晋高祖石敬瑭欺天叛君，当时末代皇帝昏庸，土地狭小，上下叛离，北朝乃得进克中原。但试问，所得金币，果涓滴归公了吗？北朝费了若干军饷、若干军械，徒令私家中饱私囊，而公府亏空。"接着他又设身处地，诚恳地对宗真说："如今，中国疆封万里，精兵百万，法令修明，上下一心，北朝如用兵，能保得住必胜么？即便得胜，劳师伤财，是群臣受害呢？还是人主受害呢？若通好不绝，岁币尽归人主，群臣有何利益？因而，群臣主战不主和。为人主计，则宜和不宜战。"富弼一番关于"和战君臣孰受益"的慷慨陈词，使辽主茅塞顿开，边听边不断点头表示赞同。

富弼察言观色，见辽主已有所动，接着逐条驳斥辽方所列出兵理由，他说："塞雁门，是为了防备李元昊，并非针对北朝；开浚塘水，这远在南北修好之前，已是多年之事了；修葺城隍，是因其太破旧了；至于登籍民兵，只不过是补缺。这哪有一项是违约之举呢！"

宗真听罢，对轻启战端已经有所动摇，但仍然对关南之地念念不忘，坚持索要，提出："不过祖宗故地，幸乞见还。"富弼引史说今，针锋相对地反驳道："晋以卢、龙之地送与契丹，周世宗复取关南，这都是前代的旧事。如果现在纠缠历史旧账，各自索取历史上失去的地方，那么燕云十六州也应归于南朝，幽蓟曾隶属中国，难道那里是北国的故地吗？"

富弼对答如流、口若悬河、言词锋利，句句点明要害。宗真一时语塞，面色发窘，沉吟良久，命大臣刘六符陪富弼回馆驿休息。

刘六符是辽国重臣，他企图通过加强私人感情，说通富弼让步，于是设宴款待，盛情邀约。席间，酒喝得正酣，他趁机旧事重提，语作诚恳地试探道："我主耻于受金帛，定欲得关南十县。南朝何不暂许通融呢？"

富弼见刘六符以诚相待，遂也坦诚相见，他言词坚定地拒绝了刘六符的提议，表示割地毫无商量的余地，并转述了行前仁宗的一番言辞，说："朕为祖国守国，不敢以尺地与人。北朝所欲，不过租赋，朕不忍两朝赤子，多罹兵革，所以屈己增币，聊代土地。若北朝必欲得关南十县，是志败盟，借此为词。澶渊盟誓，天地鬼神，共鉴此言。北朝若首发兵端，曲不在我，天地鬼神，恐不肯受欺！"表示自己不敢违背圣命，望大辽皇帝允谅。

富弼一番话，不卑不亢，据理力争，同时对辽国背信弃义旁敲侧击，委婉指责。刘六符不免心中惭愧，无言以驳，只得表示："南朝皇帝，存心如此，大善、大喜。我们彼此共同奏请，使两主情好如初。"

翌日，辽主召请富弼一同到郊外狩猎。燕北之地，地广人稀、天高云淡、莽原无垠。宗真摆出精兵强将，布成阵列。他将马挽近富弼身旁，对着山川、军队指指点点，不无炫耀地说："北朝山川雄峻，人才辈出。朕很佩服你的才干。南朝若许我关南之地，我当永感厚谊，誓敦和好。"富弼不为所动，立即反驳道："北朝以得地为荣，南朝必以失地为辱。两朝既称兄弟，怎可一荣一辱呢？"富弼此言，合情合理，辽主只好敷衍以对。

狩猎结束，刘六符再次奉命与富弼商讨。他虽然不再坚持索取关南之地，却提议改由两国和亲。富弼牢记朝廷制定只同意增加岁币的谈判底线，机智地动之以利，回答道："联婚易生嫌隙，何况我朝公主的陪嫁，超不过10万串钱，同岁币相较，那简直如九牛一毛。"

辽主宗真得报，深表赞许，终于同意放弃索地，只增加岁币，并令富弼回国取盟书。

富弼不辱使命，回京复命。关于增加多少岁币的问题，富弼再次使辽，同刘六符进行谈判。经往来辩论，终于取得一致意见：宋朝每年增加币银5万两，绢1万匹。辽方撤退重兵，永守边界。

谈判结束后，富弼打点行装，准备启程回国。不料此时，辽主又横生枝节，提出："南朝既赠我岁币，文书上应称'献'。"虽然只是一字之差，但实则关系到两国是否属于平等关系，涉及宋朝的国家尊严。富弼敏锐地意识到这种文字游戏背后的隐忧，于是断然拒绝了辽王的无理要求。他委婉地表示："南朝为兄，岂有兄献弟的道理。"辽王见富弼态度坚决，于是又提出用"纳"改"献"的方案，实则换汤不换药。富弼坚持主张，拒绝交涉。辽主对此颇为不满，威胁道："岁币都已议定增加，何必在乎区区一个字呢。若我拥兵南来，你们不后悔吗？"富弼一听，义愤填膺，针锋相对地提出抗议："我朝屈己增币，只因兼爱南北人民，以求世世通好，并非畏惧北朝。如果北朝以武力相胁，改和为战，到那时，谁胜谁负，还很难预料！"宗真见富弼发怒，只得好言安抚，说："卿勿固执，古时亦有此先例呢，缴纳银、绢时，使用献、纳二字。"富弼见此,也以历史先例进行毫不客气地反驳:"唐高祖曾向突厥借兵打天下。唐对突厥的馈赠用过'献''纳'字样。那只不过是权宜之计。后来颉利可汗为李世民所擒,囚于长安,臣服于唐,还有什么'献''纳'可言?"

几番唇齿交锋,辽主深知富弼态度坚决,不肯通融,于是决定派使臣到宋朝再议。"献、纳之争"于是转到朝廷。

一字之差,关乎国家荣辱。富弼返抵宋京,立即面奏仁宗:"臣已力拒献、纳二字,辽方已气阻,提不出什么道理。对来使,幸勿再许。"仁宗满口答应。不料满朝权贵,只求苟安,但求辽国心满意足,不再出兵威胁,于是不顾富弼劝阻,在最后的文书上同意了使用"纳"字。此后,双方互换文书,辽兵撤退,宋朝依协议每年增付银绢。

这场历时两年的对外交涉,至此圆满完成,虽然稍有遗憾,但终究达到了退兵的既定目标。因富弼功高,仁宗下令表彰,升他为枢密副使。富弼坚辞婉谢,说:"增加岁币,非臣本意。只因近日方讨李元昊,无暇与契丹角逐,故而臣未敢死争,怎可无功而受赏呢。"富弼使辽,对辽国野心深有感触。他向仁宗进言:"虽然目前盟约已订,获得暂时和平,一般百姓,自此以为天下太平,对辽国居心叵测毫无防备。但辽国野心难收,盟约随时会被撕毁。万一辽毁约弃盟,大举入侵,那时臣非但无功,且成千古罪人。臣愿陛下,卧薪尝胆,整军经武,有备无患,以杜绝辽国窥伺之心。"同时,他提议收回擢升成命,使天下人知道:使臣不受赏,和约不可靠,辽国随时可能来犯,提高警觉,加强戒备,巩固边防,以武力为外交的后盾,才能获得永久和平。

富弼深谋远虑,态度坚决,仁宗于是收回成命,改任富弼为政殿学士。

据说,富弼两次使辽,两次接家书而不阅。为了使自己专注国家大事,专心对敌,他连信都不看一眼,就付之一炬,以致爱女病逝、老年得子的消息都是事后才得知。富弼以国事为重,把家事完全置诸脑后,堪称克尽其职。

对这位和平使者,《宋史》下了这样的断语:"再盟契丹,能使南北之民,数十年不见兵革,仁人之言,其利博哉!"

■ 刀丛斥敌的沈括

沈括,字存中,杭州钱塘(今浙江杭州)人。生于宋仁宗天圣八年(1031年),卒于宋哲宗绍圣元年(1095年),享年65岁。

沈括博学善文,于天文、方志、律历、音乐、医药、卜算,无所不通。其父沈周在泉州、开封、江宁等地为官,沈括从小随父在任上,到过许多地方,对当时的社会情况有着广泛的了解。沈括在仁宗嘉祐年间举进士,在扬州任司理参军,后调入京城,担任昭文馆校勘,编校馆阁图书,册定三司条例故事,累官太子中允。在此期间,因他对数学、天文、历法等方面做了深入研究,熙宁五年(1072年),被提举为太史令兼司天监。在任司天监时,他观测天象,绘图多幅。改造仪器,制浑仪、浮漏、景表三仪,推荐卫朴修《奉元历》,所提倡的新历法同现今的阳历很相似。在物理学方面,他发现地磁偏角的存在,比西欧早400年,并著文阐述凹凸镜成像的原理等等……他是位名副其实的伟大的科学家。

后来,沈括任太常丞,同修起居注,常侍帝侧。有一天,

▲ 沈括像

皇帝对他说：北边以马取胜，所以非车不足以当之。沈括说：车战之利，见于历史。古人所谓的兵车，是轻车，王御折旋，利于捷速。现今民间的辎车重大，日不能走30里，所以叫做"太平车"。这样的车，只能用于平时，战时是不能使用的。皇帝听了大喜，说没有人告诉过他这个道理。

宋神宗熙宁七年（1074年），沈括任河北西路察访使和军器监。他攻读兵书，精心研究城防、阵法、兵器和战略战术，编成《修城法式条约》两卷。他到边防实地看地形，制成立体模型图，令木匠用木板根据模型雕成木图，献给神宗。沈括制作的地理模型，比欧洲要早700年。

正当沈括在河北西路察访时，奉诏回朝。河北首府真定距东京（今开封）1000多里，朝中究竟发生了什么大事，要召他急回呢？

原来，熙宁七年，宋与辽国发生了新的边境事端。这年夏天，辽方派遣使者来到东京，向宋神宗呈上一信，指控宋军越境滋事，要求重划代州以北蔚、应、云三州邻近地界。实际上是辽方向宋朝提出土地要求。不久，双方代表在代州界上的大黄平举行谈判。由于辽方一再设置障碍，谈判无果。熙宁八年三月，辽方增派使臣萧禧，带着国书来到东京，声称"必得清而后返"。意即，这次如果谈判无结果，得不到土地，他便赖着不走。当时参与谈判的官员，时常陪到深夜，辩得口燥舌干，说服不了辽使。萧禧坚持自己主张，毫无回旋余地。与此同时，辽方武装边民，调集大兵，以重兵压境，逼使宋朝让步。

面对此情，宋神宗忧心忡忡。他既怕战争，又不想割地。比较两全的办法，是派一名使臣，亲赴辽国，向辽方交涉。而谁又能担此棘手的重任呢？这时王安石推荐，由沈括出使，进行樽俎折冲的交涉。

沈括对宋朝建国以来同辽国的关系一清二楚。契丹建立辽国，便占据了北方的"燕云十六州"。宋朝建国后，两次出师企图收复失地，两次失利。宋真宗时，辽国打破了对峙局面，再度南下。宋朝为此同辽签订"澶渊之盟"，一直以"献纳"岁币，换得屈辱的和平。

宋神宗（公元1068—1086年在位）是一位有所作为的君主。他即位后力图改革，大胆使用了一批改革之士，如王安石等。但积重难返，一些耆老宿臣竞相反对。正当朝野上下群起责难新法、局势不稳之际，辽国一方面派出万余骑兵攻掠代州，一方面派使者至东京，坐争边境地界。

沈括意识到出使任务的艰巨、处境的险恶，但国家有事，又岂能贪生怕死。沈括快马加鞭赶到东京，直趋宫廷。

神宗在便殿接见，说道："辽使来京，索取土地，欲与之谈判，无适当人选。介甫（王安石的字）荐卿可当此重任，不知卿有何高见？"

沈括慨然回答："目前边陲多事，局势动荡不安，正是臣辈效命之秋，愿听驱使。"

神宗见他一口应允，毫不推辞，在欣喜之时，进一步了解沈括使辽的对策："敌情难测，设若危及使臣，卿何以处之？"沈括毫不犹豫地答道："臣愿以一死报国恩。"

沈括对国忠贞、视死如归的精神，使神宗深感钦佩。他谆谆告诫说："卿为人向来忠义。此番使辽，关系国家安危，责任重大。卿的安全就是边疆的安全。我们是礼仪之邦，争得一口闲气，无补于国事。卿千万不可如此！"

沈括接受了赴辽使命后，进行了紧张、周密的准备。他一向就很留意边境事务。还在受命前，他就上呈过《奏乞宣谕馆伴等俱晓分水岭本末事》的重要奏章，详细分析了边境的地理形势。受命后，他又进一步翻阅、钻研档案材料，弄清楚了辽方两次所提的边界，前后不一。初议地界书中的边界与后来有争议的黄嵬山，相差30多里。沈括连夜草成奏章，送呈神宗。神宗看了奏章，不胜感慨。他对左右群臣说："以往主持谈判的大臣，不究本末，贻误国事。沈括精明如是，朕无忧矣。"按沈括所提供资料，命人绘出地图，赐给沈括。

次日，沈括带着御赐地图，亲赴馆舍，拜会辽使萧禧。萧禧是辽国萧皇后的直系，是契丹的贵族。他虽出身北土，但对南朝的政治、经济、礼仪风俗颇有研究，又多次出入中原，熟悉宋廷的种种弊端。这次所以赖在馆舍不走，一是有强大的军事力量作后盾，二是藐视宋廷没有干练的外交人才。及至宋廷已任命沈括为使，萧禧仍不以为然，一笑置之。沈括来访，两人寒暄后，沈括很谦恭地说："下官受皇上委托，陪伴贵使。贵国有何要求，尚祈提出。"萧禧傲然道："贵国背约侵我边界，敝国早有照会，要求重定边界。大辽皇帝派下官来东京，此事一日不解决，下官无法回朝复命。"沈括道："下官不才，对边界情况略知一二。贵国所提争议边界，与原定协议前进30里。不知贵国究竟是争议边界，还是要索取土地。"萧禧听沈括所言，不禁一惊，旋即恢复常态，若无其事地回答："敝国只求按原协议地界，宋军不得侵犯，无意索取土地。"沈括从袖中取出地图，展示在桌上，图上赫然标明地界情况。萧禧俯身观看地图，一时语塞，思忖良久，苦无对策。萧禧说："既然如此，敝使将及早回朝奏明大辽皇帝。"萧禧收下地图，第二天就返回辽国。

消息传出，满朝惊喜。在馆舍纠缠月余的辽使，竟被沈括一席话、一张图送走。旷日持久的谈判虽有转机，但如不急速赴辽，面见辽帝，将此事圆满解决，辽方随时还可以制造事端。沈括把自己的想法面奏神宗。神宗命他即日启程赴辽。

沈括以翰林院侍读学士的头衔，带领一行人，以"回谢辽国使"的名义离京赴辽。四月下旬，使团到达边境重镇雄州（今河北雄县）。随从持国书到辽国哨卡。辽方接国书看了一眼说：用"回谢辽国使"名义不行。随从说："贵国派来使臣已经返辽，现敝国派来使臣回谢，名正言顺,为何不准我们入关?"哨卡人听说辽使已返回,吃了一惊:"萧大人何时回辽,下官不知。只是此事关系重大,待我们禀报皇上,使团在雄州滞留了20多天。

滞留期间,沈括等见城内行人稀少,市井萧条。登上城楼,但见城外辽方境内,戈矛映日,旌旗如林,马队过处,激起团团灰尘,升上天空,经久不散。辽方摆出临战的架式,气焰嚣张。沈括忧心如焚,在馆舍写了一道奏章,详细记述边境局势和自己宁死不屈的决心,交雄州安抚副使转递朝廷。

萧禧返回过国后,辽国方准许宋使入境,令宋使直趋永安山。五月二十三日,沈括一行方抵永安山(今河北平泉南),这里是辽帝经常打围习武之地,辽道宗是有意选择此地接待宋使的。这里地势宽广,人烟稀少,哨卡林立,戒备森严。辽帝意在炫耀武力,以图慑服宋使。沈括在这里住留13天,先后与辽方交涉了6次,唇枪舌剑,针锋相对,往返争辩,非常激烈。沈括在他亲笔记述的《入国别录》中对这场斗争留下了珍贵的记录。

五月二十五日,辽道宗在永安山礼节性接见了宋朝使者。二十九日,辽方宴请使团人员。宴会厅外戈矛交叉,刀枪林立;宴会厅内,廷臣云集,冠盖如云。内外戒备森严,阵势咄咄逼人。沈括轻正衣冠,昂首举步,从容不迫地就坐。一场针锋相对的激烈交涉在酒筵上开始了。

辽方谈判代表是宰相杨遵勖。他虽不是宗室、贵戚,但确实是辽国掌实权的铁腕人物。他老谋深算,对南朝的情况掌握得多且准,深知宋朝君臣害怕战争。从谈判场地的选择,直到重兵屯边,都是他精心策划的。萧禧返回燕京,向他报告后,引起他对沈括的警觉。

双方坐定,一番外交礼仪上的寒暄后,杨遵勖发出了试探性提问:"学士此番前来,是否认为河东地界事已了当?"

沈括一听,知辽方又想翻旧账进行纠缠,便立即起身,明确答道:

"河东地界早已了当。我等此番是奉旨前来回谢。"

杨遵勖的助手梁颖插话道:"只是蔚、应两州已了,朔州地界尚未了绝。"

沈括已预见到辽方会提出这一问题。他立即答道:"此事虽非本职,不敢预闻,既是准奉而来,凡有所知,不敢不予答复。"

沈括这些话既表明自己不是谈判地界事宜的专使,把辽方企图在谈判桌上逼索土地的要求顶了回去,但又保留在地界问题上揭露、批驳辽方无理要求的权利。辽方争地心切,见沈括愿意谈判,就急忙提出了代州鸿和尔大山(即黄嵬山)一段以分水岭为界的要求。

这是个实质性问题。不仅关系鸿和尔大山的主权,而且有关天池的归属。这两处地方,早在宋仁宗时已划定属于宋朝,并专门立石峰为标志。面对辽方的无理要求,沈括当场举出辽重熙十一年、宋庆历二年(1042年)辽宋共同商定以鸿和尔大山北山脚为界的事实,并拿出辽顺义军承认以鸿和尔大山北山脚为界和天池属于宋朝宁化军的屡次公文。沈括以辽方自己的文件来反驳辽方的无理要求。这种"以子之矛,攻子之盾"的手法,使环座惊愕。

杨遵勖等强词抵赖,顽固地要以分水岭为界。沈括断然回绝:

"我再说千遍道理,也无济于事。必须以确实的文字为据。关于鸿和尔,文书中记载:'大山脚下为界',只有这几个字;天池,也只有几个字'地理属宁化军'。此外,就不知道、更没有什么可以议论的了!"

杨遵勖没有料到沈括竟然使出这样一手,一时发窘,无话可驳,最后竟威胁地说:"贵国数十里之地不肯割让,难道就这样轻易断绝两国和好吗?"沈括毫不退让,毅然回答:"师直为壮,曲为老,北朝弃先君之大信,竟敢贸然驱使百姓投入战争,敝国只有奉陪到底。"

辽方看到逼索不成,为摆脱困境,只好宣布谈判暂停,摆出筵席来款待。在谈判桌上，沈括首战告捷。

六月一日，沈括再次率员"赴宴"。辽方仍有千人环坐旁听，但气氛已大弛。宴会开始后，辽押宴官耶律晕又一次提出辽方在天池牧马之事，想用这既成事实，挟逼沈括承认他们享有土地主权。耶律晕通过通译说："天池向来有乙室王在那里下帐，若是南朝土地，乙室王怎么会在那里呢？"

沈括给以义正辞严的驳斥：地界文字有明白无误的记载，"辽方不应当过界下帐，而且有照据为凭，岂可不凭文字，只据口说。"

辽方见天池问题上还是辩不过沈括，转而又以鸿和尔界来纠缠。沈括见辽方人员说来说去只是些老话，便开怀畅饮，不加理会。好一会儿，沈括才接上话题，指明：辽方在公文中故意漏了山脚的"脚"字，现在又处处设防，不敢说出一个"脚"字来。其实，在这次辽使致宋廷的信札中早已承认了这一点，即使辽方现在不承认，亦无碍于事。

两次交锋后，辽方已无力对阵，但仍不甘心就此认输。在以后四次谈判中，勉强搬出一些理由和文件来进行辩驳，都被沈括一一驳回。辽方提出：既然天池为宋朝土地，为何当初并无建筑，后来才进行搭盖？沈括据理反诘：在自己的土地上拆迁挪移，有何不可？辽方提出：有关鸿和尔界的文件中，"北至张家庄"，并不能指作两朝地界。沈括当场诵读原定界文件："北至当界张家庄。""当界"，指两朝地界无误。

前后六次会谈，沈括始终依据事实，对答如流，且丝毫不惧，坚持斗争。每遇对方提出问题，他便吩咐随员当场举出有关文件、照会作证。在大量事实和雄辩的批驳下，参加谈判的辽方官员们已觉理屈，不敢再强争下去。

在沈括不屈不挠的说理斗争和宋廷采取积极军事防御相配合的形势下，辽方不得不放弃讨索土地的要求，也不敢贸然发动军事行动。

沈括出色地完成了这次使辽的使命。

　　沈括使辽归来，神宗为奖励他的功绩，升他为翰林学士，权三司使，管理全国财政。沈括把出使辽国的经历写成《入国别录》一书。《续资治通鉴》保留有该书部分内容。

■ 放雁寄书的郝经

　　蒙古蒙哥汗（国王）九年（1259年）二月，蒙哥汗领兵围攻南宋（都临安，位于今浙江省杭州市）合州（位于今重庆市合川市东），遭到守城将领王坚率部顽强抵抗。七月，蒙军尚未攻克合州，蒙哥汗突然生病去世。

　　蒙哥汗之弟、漠南（治所金莲川，位于今河北省沽原县东）总管（军政长官）忽必烈当时正领兵开赴鄂州（位于今湖北省武汉市武昌）。收到讣告后，忽必烈不但没有引军北撤，反而率军渡过长江，围攻鄂州。

　　宋理宗赵昀派遣右丞相兼枢密使（最高军事机关长官）贾似道率军进驻汉阳（位于今湖北省武汉市汉阳区），援助鄂州守军。贾似道畏惧蒙古大军，不敢与其正面交锋，率部移驻黄州（位于今湖北省黄冈市）。不久，蒙军发起猛烈攻势，贾似道惊恐万状。十二月己亥日，他背着朝廷秘密派遣其部将宋京去蒙古军营，向蒙古称臣纳币求和。忽必烈没有答应。

　　在此期间，忽必烈获悉其胞弟阿里不哥在和林策划即汗位，召集部将商议对策。江淮荆湖等路（位于今长江中下游地区）副安抚使（军政副长官）郝经（泽州

▲ 郝经像

陵川即今山西省陵川县人）极力主张忽必烈答应宋朝讲和，迅速撤军回国，抢先即汗位。忽必烈采纳郝经这一建议，随即率部北撤。

贾似道见蒙军北撤，为隐瞒其向忽必烈称臣求和的丑行，乘机率军击败蒙军后卫部队。之后，他向宋理宗谎报鄂州解围，以邀功请赏，并指使其亲信撰写《福华编》，颂扬他救援鄂州的战功，沽名钓誉。

忽必烈回国即汗位后，想起贾似道称臣求和一事，认为两国既然停战，应当派遣使臣去宋朝，通告他已经即位为蒙古汗，并继续与宋朝进行和谈。

忽必烈汗召集大臣讨论派遣使臣同宋朝议和一事，众臣都为之惶恐不安。大家心里清楚，多年来，蒙古军队对宋朝攻战不息，宋朝军民对蒙古的仇恨很深。在这种情况下，任何一个蒙古大臣出使宋朝，难免都会有风险。平章（丞相）王文统（益都即今山东省青州市人）向来忌恨郝经的才能和声望，建议派郝经出使宋朝，想借机把他除掉。忽必烈汗没有察觉王文统这一图谋，他认为郝经忠诚可靠，于是任命他为翰林侍读学士（皇帝学术顾问官）、国信使，派他佩带金虎符率团出使南宋。

有人提醒郝经："王文统提议你出使宋朝不怀好心，你可以病谢辞。"郝经回答说："南北开战这几年，江淮地区的老百姓惨遭战祸。我这次出使宋朝，虽然是以微贱之躯步入不测之地，但如果能使战争停止，实现和平，将百万生灵从战乱中解救出来，我亦就如愿以偿了。"

忽必烈汗中统元年（1260年）四月，郝经率团出发。临行前，忽必烈汗以葡萄美酒为郝经一行饯行。

在此之前，王文统暗中对济南（位于今山东省济南市）守将李璮（王文统女婿）发出指令，要他在郝经与宋朝大臣和谈期间，领兵出击宋军，企图借宋朝人之手杀死郝经。

当郝经一行抵达济南时，李璮派人送信给郝经，要他停止前进。

郝经派人将李璮的信报告朝廷，继续率团南行。此后，李璮领兵攻打淮安（位于今江苏省淮安市），被南宋淮东（镇所位于今江苏省扬州市）制置使（军事长官）李庭芝领军击败。

七月，郝经率团抵达宿州（位于今安徽省宿州市），派副使刘人杰、参议高踬先行与南宋朝廷联系，征询让使团进入南宋的具体日期。南宋朝廷没有答复他们。郝经只好亲自写信给南宋宰相贾似道及李庭芝。

李庭芝刚刚领军击败李璮部众的进攻，回信对郝经的和谈诚意表示怀疑。贾似道则正在为他解除鄂州之围夸夸其谈，生怕郝经出使谈和暴露他向蒙古称臣求和的真相，传令让郝经一行南行，将他们软禁在真州（位于今江苏省仪征市）宋军忠勇营内。

郝经被囚禁后，多次给宋理宗写信，详细陈述两国和与战的利害关系，要求宋理宗接见或者释放他们。他的每封信都被贾似道扣压。宋理宗听说蒙古国王派使臣来到宋朝，想召见蒙古使臣，贾似道借故加以阻止。与此同时，贾似道指派亲信对郝经等人的住处昼夜看守巡逻，严禁外人接近，并指令无限期对郝经等人加以监禁。

郝经为人崇尚气节，被囚后始终坚贞不屈。他时常作诗咏志，其诗写道："燕南壮士江城客，孤馆无眠心已折。""劝君且莫多叹嗟，家人恨杀生离别。"（《后听角行》，见胡小伟主编《中华五千年名诗一万首》）"计拙仍持节，途穷拟问天。难为绕指铁，万折志弥坚。"（《新馆感春》，转引自李兴盛著《中国流人史》）随员中有人产生动摇，对郝经坚持不向南宋投降有些埋怨。郝经开导他们说："既然进入宋朝国境，我们这些人的生死命运就要由他们决定了。我已下了决心，至死也不会屈辱使命。你们也要做好思想准备，经受住长期囚禁的考验，要耐着性子等待获得自由的那一天。我观察，宋朝灭亡的日子不会很远了。"

郝经早年读书万卷，知识渊博。为了阐述他的学术思想以留存后世，郝经在被囚期间克服种种困难，撰写了《续后汉书》、《易春秋外传》、《太极演》、《原古录》、《通鉴书法》、《玉衡贞观》等著作。

元至元十二年（1275年），元世祖忽必烈令丞相伯颜率军南下，并派遣礼部尚书（朝廷主管礼仪、教育的部门长官）中都海牙和行枢密院都事（最高军事机关事务官员）郝庸（郝经之弟）等人出使宋朝，就郝经等人长期被扣留一事向宋朝廷问罪。在这种情况下，贾似道不得不将被他囚禁长达十六年之久的郝经等人释放。

郝经获释的当年，汴地（位于今河南省开封市）有人射落一只大雁，雁腿上系着一条帛带，帛带上写有这样一首诗："霜落风高恣所如，归期回首是春初。上林天子援弓缴，穷海累臣有帛书。"诗后面的落款写道："至元五年九月一日放雁，获者勿杀，国信大使郝经书于真州忠勇军营新馆。"郝经竟是这样忠于自己的国家，忠于自己的使命。

长期的监禁生活摧垮了郝经的身体。郝经回国后第二年（1276年）七月因病去世，终年五十三岁。元世祖忽必烈极为悲痛，追授他"文忠"荣誉称号。

知识链接

宋朝与日本的商业往来

894年，日本天皇下令停派遣唐使，中日两国邦交断绝。从醍醐天皇在位期间（898—930年）起，日本实行锁国政策，禁止本国商船出洋。因此，北宋时期，只有中国商船航日。据日本学者统计，北宋160余年间，共有70多次北宋商船到达日本的记载。中国商船一般自明州起航，在日本九州的博多登陆。对于宋朝的商船到日本贸易，日本限制极严，规定来航时间至少要间隔二年。宋船到达博多后，先要报关，交验宋朝市舶司的公文及商品清单。经朝廷审核批准后，宋商被安置在大宰府的鸿胪馆。日本唐物交易使前来检查商品，收购政府所需要的物品，而后其余商品才允许同民间进行贸易。中国出口的商品有绫、锦等丝织品，沉香、丁香、麝香等香料，紫檀、白檀、甘竹、吴竹等竹木及鹦鹉、孔雀等，还有宋代印刷的各种书籍。宋朝从日本运回的商品有砂金、珍珠、水银、泥金画、屏风等工艺品，而尤以硫黄为大宗。

  北宋、南宋之际，与日本贸易中止了数十年。随着日本镰仓幕府的执政以及南宋积极发展对外贸易，中日民间贸易比北宋时期更为活跃。不仅有大批宋人商船来到日本，日本商船也经常到中国和高丽贸易。到达中国的日本商船有时一年多达40至50艘。这个时期的中日商品交流，除与北宋相同的那些外，日本输出品中的优质木材，中国输出品中的铜钱都占有突出地位。尽管南宋政府"鉴于钱荒"三令五申，禁止铜钱外流，日本政府也不止一次禁止在国内行用宋钱，但由于日本民间流通的需要，双方的禁令都未能明显致效。

第五章
明朝的外交

　　明朝所处的14至17世纪,正值世界格局发生巨变的历史时期。西方各国先后确立了资本主义制度,并逐渐将其殖民触角伸向世界各个角落,而在明朝统治下的中国沿袭旧有传统,仍在封建故道上缓慢前行,在将封建专制统治发展到顶峰与极致。在明代,来华朝贡的国家数量之多,朝贡规模之大、组织管理之完善,皆为历代所不及。

第一节　明朝对外关系及其变化

■ 明代繁荣的"朝贡贸易"

明前期中国与亚非国家的贸易主要以官方"朝贡贸易"为主，如前所述，郑和下西洋将中外官方贸易推向顶峰。与此同时，民间走私贸易风起云涌。到明朝后期，随着"朝贡贸易"的衰落，民间贸易成为中国与亚非国家贸易关系发展的主导力量。

明代东北亚地区共有三个国家——朝鲜、日本和琉球。

1. 朝鲜

中国与朝鲜半岛的贸易关系，到明代得到了进一步发展。一方面，朝鲜承认中国为宗主国，对明王朝称臣纳贡，另一方面明王朝则给予朝鲜特别优惠的朝贡贸易待遇。因此，朝鲜李氏王朝一面积极开展对明"朝贡"，一面帮助明王朝打击中国从事走私贸易的商人。

2. 日本

明代中日关系较为复杂。明前期由于倭寇侵扰及胡惟庸之乱，明王朝对日本来华"朝贡"实行极为严格的限制政策，甚至一度规定日本"十年一贡"，每次入贡，船不得过3只，人数不得超过300人。不过，这一限制并未完全奏效，日本在明前期入贡仍较频繁。这一时期，从日本输入到中国的刀剑为数可观，其锋利精良受到明人的赞赏。日本作为中国传统的商品销售市场，对中国生丝、瓷器有很大的需求。

徐光启说：日本"彼中百货取资之于我，最多者无若丝，次则瓷"。相对严格的朝贡限制，使中国商品在日本供不应求，因而将中国货物运往日本可获高额利润，由此诱使不少中日商人铤而走险，从事两国间的走私贸易。到明末，福建海商郑芝龙集团通过从事中日间特别是台湾与日本间的贸易迅速发展壮大起来，并且还开辟了一条由泉州安平直抵日本长崎的新航线，中日贸易由此盛极一时。

3. 琉球（今日本冲绳县）

早在汉代，琉球群岛与中国大陆已开始了经贸往来。明王朝建立后，明太祖朱元璋实行和平外交政策。洪武五年（1372年），明遣使琉球，琉球接受明廷册封，从此成为中国的重要朝贡国。明廷对琉球来华"朝贡贸易"也实行较为优惠的政策。允许其一年两贡或三贡，并特许其随贡商船在北京及福建，不拘期限与华商交易。成化十年（1474年），明廷特在福建福州修建柔远馆，用以专门接待琉球贡使。琉球国本身不产香料，加之经济水平落后，缺乏中国需要的大宗贡品。而与明王朝开展"朝贡贸易"获利丰厚，故琉球国不惜远渡重洋，到东南亚各地购买香料转贡于中国。同时还将中国的丝绸、瓷器、铜钱等物转口于东南亚、日本等地，琉球从这种转口贸易中获取了巨额利润，使之由一个名不见经传的弹丸小国，成为海上丝绸之路上一个举足轻重的国家。

4. 印度支那半岛

明代印度支那半岛上的主要国家有安南（今越南北部）、占城（今越南中部及南部）、真腊（今柬埔寨及越南南部）、暹罗（今泰国）等。这些国家和地区均为中国传统贸易伙伴，与中国有着悠久的贸易关系。明朝建立后，双方开展朝贡往来。特别是郑和下西洋后，印度支那半岛国家与中国的"朝贡关系"进一步密切。明王朝建立后，主动遣使与真腊通好。洪武三年（1370年），明太祖派使臣郭征前往真腊，两国间自此恢复了外交关系。郑和下西洋后，中国与真腊的友好关系得到空前的发展。明王朝立国时，泰国大城王国已统一暹罗，明太祖于洪武三年（1370年）派使臣吕宗俊等人前往暹罗，与大城王国建立起了友好关系。永乐年间，郑和下西洋进一步密切了双方的关系。此后，两国使臣往来相继，暹罗国遣使来华"朝贡"极为频繁。

5. 马来半岛及马来群岛

明代时在马来半岛及马来群岛活跃着诸多小国。与明王朝关系较为密切的国家有：爪哇（今印度尼西亚爪哇岛及苏门答腊岛的部分地区）、三佛齐（今苏门答腊岛巨港，1397年被爪哇灭掉）、阇婆（今印尼爪哇岛中部）、兰无里（今印尼苏门答腊岛的亚齐）、渤泥（今文莱）、美洛居（今印尼马鲁古群岛）、满剌加（今马来西亚马六甲）等。

爪哇，当时为马来群岛的一个大国。明朝建立后，太祖朱元璋即派使臣前往爪哇，双方建立起了"朝贡贸易"关系。此后，两国使臣往来不绝。郑和下西洋，爪哇为其南下的终点和西向的起点，地位十分重要，从而又大大加强了彼此之间的联系。此后双方关系更加密切，官方贸易盛极一时。渤泥国王麻那惹加那乃率领王妃、子女及大臣等150余人来华访问，明成祖对他们"优待礼隆，赐予甚厚"。后渤泥王不幸病逝于中国，明成祖命渤泥王子暇日王继位，并派人护送其回国。后暇日王多次亲自来华朝贡，中国与渤泥的关系日益密切。满剌加国是公元14世纪末兴起的一个国家，也与明朝有着密切的贸易关系。明永乐年间郑和下西洋，由于满剌加地扼东西海上交通要冲——马六甲，成为郑和船队必经之地，满剌加国对郑和船队每次都友好相待，并允许郑和在此设立"官厂"（即仓库），作为其船队的中转站。与此同时，满剌加使臣也频繁来华"朝贡"。

6. 南亚各国

南亚地区，当时主要的国家有榜葛剌（今孟加拉）、加异勒（今印度南部加耶尔巴达)、西洋锁里（今印度南部科里伦河口）、古里（今印度西海岸科泽科德）、柯枝（今印度西海岸柯钦）、小葛兰（今印度西海岸奎隆）、锡兰山（今斯里兰卡）、溜山国（今马尔代夫群岛）。这些国家，都是明代郑和下西洋所经之地。在郑和下西洋的推动下，南亚国家纷纷遣使中国，如溜山国曾于永乐年间四次遣使"朝贡"。

7. 明朝与西亚、非洲的贸易关系

明代中国与西亚、非洲的贸易关系继续发展。自第四次下西洋开始，郑和船队便驶入阿拉伯海，与阿拉伯半岛及东非各国开展交往，使中国与这些地区的贸易关系达到了封建时代的顶峰。

明中期以后世界形势的变化

1. 新航路的开辟

自15世纪末至16世纪，西欧进入资本主义原始积累时期。在中国，此时正值明中期以后，资本主义萌芽也开始滋生。欧洲各国为了积累资本，迫切要求发展海外贸易，东方世界成了重要目标。欧洲各国早已知道，中国是个极其富饶的东方大国。中国盛产丝绸和瓷器，经营这些物品可以获得高额利润。同时，南洋一带盛产香料，也是欧洲人生活所必需。以前，这些物品主要经阿拉伯人之手转运欧洲。欧洲国家如能直接来东方贸易，则可以免掉阿拉伯人攫取的中间利润，这对欧洲各国发展海外贸易

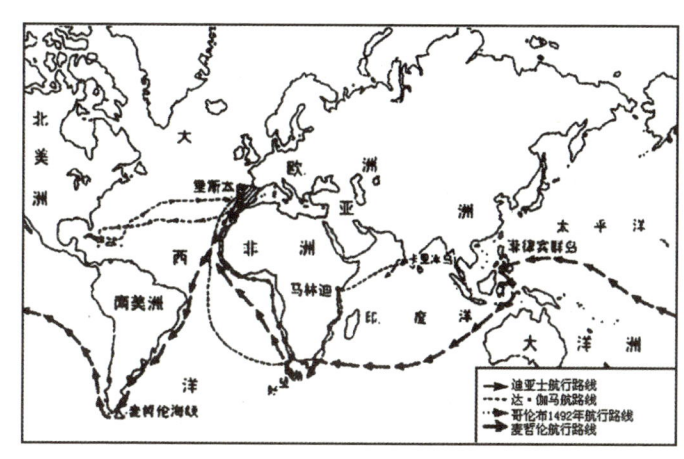

▲ 新航路开辟线路图

来说，是一个极为有利的条件。因此，欧洲各国便竭力探寻通往东方的海上通道。

当时，欧洲已广为流传地球是圆形的说法。欧洲的一些水手坚信，由欧洲西海岸一直往西行驶，便可到达中国或南洋群岛。于是，在15世纪末和16世纪初便兴起了大航海的高潮。1492年，哥伦布奉西班牙国王之命，携带着致中国皇帝的国书，一直往西行驶，到了美洲，他误认为是到了印度。1497年，达·伽马从葡萄牙里斯本出发，于第二年绕过好望角，到达印度西海岸，开辟了通往东方的新航路。葡萄牙人接着便来到南洋群岛一带，继之首先和中国发生了关系。西班牙人和荷兰人紧随其后，亦纷纷来到东方。

2. 殖民者东来

葡萄牙、西班牙等西方国家到东方来，首先是与阿拉伯人竞争，贩卖香料和丝绸。葡、西等国要发展对东方的贸易，必须要从阿拉伯人手中夺过来贸易之权，当时，西欧国家利用其军事实力，很快便确立起在印度洋和南洋一带的海上优势。

接着就是西欧各国彼此之间在东方的争夺。葡萄牙人最先来到东方，先是占领了印度的果阿，以此为基地，继续往南洋一带拓展。接着又侵占了被称为香料岛的摩鹿加岛（今印度尼西亚的马鲁古群岛），并于正德六年（1511年）攻占了满剌加（马来亚）。葡萄牙人几乎垄断了香料贸易。

西班牙见葡人贩卖香料获利极大，亦积极向东方发展。麦哲伦航海使西班牙人对东方已有初步了解。为争夺香料贸易的权利，西班牙派武装商船队东来，与葡萄牙争夺摩鹿加岛。嘉靖八年（1529年），两国缔结条约，葡萄牙人以35万得克为报偿，使西班牙将摩鹿加岛让与葡萄牙。此后，西班牙人专注于征服吕宋（今菲律宾）。隆庆五年（1571年），西班牙人最终以武力压服了吕宋人民的反抗，遂以马尼拉为首府，在吕宋建立起殖民统治。在此后的330多年间，吕宋成为西班牙人在南洋一带进行殖民活动的基地。

继葡、西两国之后，接踵而至的是荷兰。16世纪末，荷兰殖民者侵入爪哇，并将葡萄牙人的势力从摩鹿加岛排挤出去。葡人向吕宋的西班牙人求援。西班牙人认为这是夺占香料岛的良机，西班牙驻吕宋总督亲自率军往援，并征用在吕宋的华人数百名随征。西人待华人苛暴，以潘和五为首的华人在途中发动起义，杀死西班牙总督，使这次远征不果而还。摩鹿加岛落入荷兰人之手。荷兰人便以巴达维亚（今雅加达）为首府，在印尼建立起殖民统治。这样，南洋一带的局势就发生了重大变化。中国在这一带的传统势力丧失殆尽，并开始直接与欧洲殖民者打交道。

第二节　明朝与世界各国的关系

■ 明朝与安南的关系

1. 与安南的友好交往

在明代,越南分北、南两部分。北部称安南,亦称交趾,南部称占城。自秦汉至唐末,中国封建王朝一直在今越南北部设置郡县,如同内地。唐朝末年,安南脱离中国独立,但直到19世纪下半叶沦为法国殖民地以前,除1407年至1427年间曾一度内属为郡县外,安南一直和中国保持着藩属关系。

据《明实录》记载,洪武元年(1368年)十二月,朱元璋"遣知府易济颁诏于安南",即建立了两国间的宗藩关系。第二年六月,安南国王陈日煃遣使"朝贡方物,因请封爵"。朱元璋遂"封日煃为安南国王,赐以驼纽涂金银印"。据不完全统计,有明一代,明朝遣往安南的使团有30多次,安南遣使来中国有100多次。

安南使节频繁来中国,既是为了加强两国间的政治关系,亦是为了进行经济交流。中国奉行"厚往薄来"的政策,外国贡使在朝贡中获利甚多。因此,安南使节频频来贡。明王朝只要求安南三年一贡,"且定使者勿过三四人,贡物无厚。"但安南却经常提前遣使来华,且规模也很大。不仅贡纳一些土特产品,而且还进献大象等珍禽异兽。洪武二十一年(1388年),"帝以其频烦,且贡物侈,命仍三岁一贡,勿进犀象。"除了官方进行的朝贡贸易活动外，在边境地区，两国人民还经常以土特产品自相交易，互通有无。因安南贡使多从陆上来贡，他们"多携私物"，沿途与中国百姓贸易，亦属司空见惯。这种私下进行的贸易活动更加密切了两国间的经济生活。

2. 明成祖对安南的征服

永乐四年（1406年）七月，明成祖发动了征服安南的战争。在古代，封建王朝之间发生战争时有所见，原因十分复杂。明成祖发动这场战争的原因大致有以下三个方面：

首先，这是明王朝为行使宗主国的权力而进行的。明朝建立之初，安南国王为陈氏。洪武末年，安南国相黎季犛（胡季犛）擅权，擅自废立国王，但仍奉陈氏为国王。朱元璋曾为此"却其贡"，后来因"不欲劳师远征，乃纳之"。

其次，安南数次侵犯我国广西、云南边境地区，这也是导致这场战争的重要原因之一。洪武中期，安南即数次侵犯思明府（今广西宁明县）。朱元璋以安南"生隙构患，欺诳中国之罪"，拒安南贡使不纳。洪武末年"交人（安南）侵迫益甚。"朱元璋不愿劳师远征，仅予敕责，未予征讨。永乐二年四月，思明府知府黄广成奏言，"迩岁安南屡兴兵侵夺"，且攻占了边境不少村寨。明成祖谕令安南归还所侵占地，不听。明成祖派兵护送陈天平回安南复位，其中亦有索还被侵土地的用意。结果明军被邀击败还，明成祖遂决心大举进兵。

最后，安南数次侵犯邻国，邻国常来中国控安南横

▲ 明成祖朱棣像

暴，亦是促成这次用兵的原因之一。洪武初年，安南数次恃强侵犯占城。朱元璋遣使"谕令罢兵，两国皆奉诏"。洪武十年，安南对占城大举用兵，遭到占城顽强的抵抗，致使安南王战死。永乐初年，安南又不断侵犯占城，"占城诉安南侵掠"，明廷谕令二国罢兵修好。安南"阳言奉命，侵略如故"，并侵夺明廷赐予占城的赐物。明成祖对安南"遣官切责"。在这种做法屡不见效时，便促成明成祖决心对安南进行武力征讨。

永乐四年（1406年）七月，明成祖命成国公朱能为征夷将军，率兵讨伐安南。朱能至龙州病死，副将军张辅代将其军。明廷传檄安南，历数黎氏父子二十大罪，并表明，这次出兵意在恢复陈氏子孙的王位。第二年五月，明军尽平安南。诏求陈氏子孙不得，于是便改安南为交趾，设立郡县，命尚书黄福兼掌交阯布政使司和按察使司二司事，下设15府，分辖36州、181县。另设有5州、分辖29县，直隶布政司。

3. 黎利领导的反明独立战争

明成祖改安南为郡县以后，安南人"数相惊恐"，尤其是宦官马骐以采办为名，到安南大肆搜刮珍宝，致使"人情骚动"，激起了大规模的反抗斗争。巡检官黎利乘机起事反明，明军极力镇压。洪熙时明军将领不和，屡次失败。宣德帝即位后，下令停止在安南采办，想借以安抚民心，但亦不见效，反明独立战争的规模越来越大。后来，黎利谎称在老挝访得陈氏之后陈暠。宣德帝虽"心知其诈，欲藉此息兵"，于宣德二年（1427年）将明军撤回。接着，黎利诡言陈暠死亡，并请明廷对他册封。明廷遂命黎利"权署安南国事"。不久，黎利即正式称王，向明廷朝贡不绝。正统元年（1436年），明英宗正式册封黎利之子黎麟为安南国王。两国之间又恢复了正常的友好关系。

终明一世，除永乐四年至宣德二年的二十余年以外，中国和安南之间一直保持着睦邻友好关系。两国间发生战争是短时间的，是支流；两国间友好相处是长期的，是主流。

明朝与朝鲜和琉球的关系

1. 朝鲜

明初朝鲜称高丽，洪武二十六年（1393年）始更名为朝鲜。中朝两国人民的友好关系在明代得到进一步发展。

洪武元年，朱元璋时期，确立了两国间的宗藩关系。在洪武、永乐年间，曾有朝鲜女子被册立为嫔妃。朝鲜还将逃往的倭寇送来由当朝君主处置。万历二十年（1592年），中国帮助朝鲜将日本侵略者彻底赶出，使中朝友好关系更进一步。

2. 琉球

琉球（今日本冲绳）在明代以前与中国交往甚少，在明代和中国建立起非常密切的关系。当时琉球由中山王、山南王和山北王分治，以中山王势力最强。洪武五年（1372年），朱元璋遣使赴琉球，中山王察度遣其弟随明朝使臣来华。朱元璋赐予"大统历"和绢帛等物。两国间的宗藩关系自此确立后，使臣往来不断。朱元璋还特地赐予"闽中舟136户，以便贡使往来。"后来，山南和山北都被中山王所并，"一岁常再贡三贡。天朝虽厌其繁，不能却也。"后虽限定二年一贡，但一直未能遵行。正德初年刘瑾擅权，特许其一年一贡。嘉靖二年又改为二年一贡。终明之世，贡使来华不绝，一直到南明时，琉球还曾向唐王政权朝贡。嘉靖时，在中国沿海被驱逐的倭寇往往败退到琉球。琉球派兵邀击，将俘获的倭寇和被裹挟的中国百姓送回中国。

明朝与日本的关系

1. 中日两国的友好交往

中日两国人民的友好交往源远流长，唯元代对日本大举征讨，因遭暴风全军覆没，故终元之世不通中国。明朝建立后，朱元璋为修复两国间传统的友好关系，于洪武二年（1369年）遣行人杨载出使日本。日本对新建立的明王朝闻所未闻，且鉴于元朝对日本的入侵，故多存疑虑，日本王良怀拒绝奉命。洪武三年再遣赵秩赴日，详细解释了明王朝的睦邻政策。良怀知道了明朝与蒙元不同，遂于第二年遣使来华，奉表称臣。两国间的邦交关系从此得以恢复，友好往来日益密切。朱元璋还以"祖训"的形式将日本定为十五个不征国之一。

自元代起日本海盗即不断到中国沿海抢劫，明初亦然。中日两国间的邦交关系恢复以后，日本就不断地将这些海盗送回中国，听由中国惩治。洪武四年（1371年）日使第一次来华时，即送回被倭寇掳掠的中国人口70余口。永乐三年（1405年），日本捕获来中国沿海抢劫的海盗头目20人，将他们送往中国。明廷又将这些人交还日本，听他们自行处治。日本使臣到宁波后，将这些海盗头目尽"蒸杀之"。

洪武十三年（1380年），丞相胡惟庸谋叛伏诛。后来，朱元璋了解到胡惟庸曾"欲藉日本为助"，故"怒日本特甚，决意绝之"。自此以后，终洪武之世日本贡使未通中国。明成祖即位后，即遣使往日本，日本亦遣使来华。明成祖定日本十年一贡，人不过200，船只两艘，为方便其来贡，还特地赐船两只。但日本为了借朝贡之机进行物品交换，对这种限制一直不肯遵守，往往提前来贡，人和船都超过规定数目，并且携带的私物也特别多。宣德初年改为人不过300，舟不过三艘。即使这样，仍不能满足日本的需要，借各种理由提前来贡。嘉靖十八年（1539年），再次申谕贡期为十年，人不过百，舟不过三。但因远道航海来贡，虽不按期，亦不忍拒绝，所以还是照常给予赏赐。

2. 明初的倭寇问题

所谓"倭寇"，即指到中国沿海进行武装走私和抢劫的日本海寇。终明之世，一直存在倭寇问题，尤其是嘉靖时，"倭患"成为举国震动的大事。但明前期和嘉靖时期的倭寇问题有着不同的特点，性质也

▲ 日本倭寇

发生了显著的变化。

自 14 世纪初叶起,日本进入南北朝的分裂时期。在封建诸侯的割据争战中,一些失败了的封建主组织武士、商人和浪人来中国沿海,或武装走私,或伺机抢劫,给我沿海人民造成很大危害。这种倭寇问题在元末即已出现,入明以后为祸更烈。

明朝初年,北自辽东,南至浙江、福建,在漫长的沿海地区,倭寇时行侵扰,"濒海郡邑多被害"。朱元璋于洪武初年遣使往谕时,严责日本为寇问题。诏书中称:"宜朝则来庭,不则修兵自固。倘必为寇盗,即命将徂征耳"。但因日本内战不休,对这些海寇难以约束,故虽时而将一些倭寇头目送往中国惩治,也不断将被倭寇掠去的中国人口送回,但倭寇问题一直未能消除。永乐十五年(1417 年),倭寇数十人被明军捕获,送往京师。不少大臣请求将这些倭寇全部杀掉。明成祖说:"威之以刑,不若怀之以德",并遣使送还日本,"令悔罪自新"。但这种怀柔政策亦不能奏效,倭寇仍不断到中国沿海抢劫。为此,明廷不断派大员到沿海巡视,督修城堡,剿捕倭寇。

永乐十七年（1419年）六月，倭寇分乘30多艘船侵犯辽东，登岸后直奔望海埚。这里是沿海要塞，总兵官刘荣在此修筑了一些御倭工事。这次大举来犯，刘荣及早得到报告，遂"依山设伏，别遣将断其归路，以步卒迎战"。明军佯败，将倭寇引入埋伏圈中。明军伏兵大起，鸣炮奋击，从早晨一直酣战到傍晚，倭寇大败，全数被歼，"斩首千余级，生擒百三十人。"这是明朝前期抗倭的第一次大胜利。倭寇受此沉重打击后，在相当长的时期内不敢大举来犯。

3. 嘉靖时的"倭患"

到嘉靖时，所谓"倭寇之患"愈演愈烈。嘉靖时倭患有一个非常突出的特点，即倭寇与中国违禁私出的海商相结合，力量显得特别浩大，对明王朝所构成的威胁也显得特别严重。

自正德以后，明王朝的海禁政策有所松弛，私人海外贸易较前有了明显发展。嘉靖时，这种趋势发生了逆转。嘉靖二年（1523年），在宁波发生了两伙日本贡使互争真伪的"争贡之役"。日本贡使宗设一伙"所过焚掠"，追宋素卿一伙至绍兴，并俘获了明军的指挥官袁琎。都指挥刘锦亦战死在海上。嘉靖帝闻讯大怒，听从了夏言的建议，认为"倭患起于市舶，遂罢之"。海禁顿时显得格外严厉。在这种情况下，中国海商便和倭寇相勾结，一方面进行一定的贸易活动，一方面时而到中国沿海抢劫他们所需要的物品。

嘉靖二十六年（1547年），明廷派朱纨巡抚浙江，兼提督福建军务。朱纨到任后雷厉风行，"革渡船，严保甲，搜捕奸民"。但在江浙官僚的攻击下，朱纨被迫于嘉靖二十九年自杀。自此，"中外摇手，不敢言海禁事。"海商势力迅速发展，并渐渐形成了以王直为首的海商集团。中国海商集团和倭寇有多种联系，所以明朝笼统地称为"倭寇"。

嘉靖时期的所谓"倭寇之乱"，绝大多数是中国海商，真倭是少数。《明史·日本传》说；"大抵真倭十之三，从倭者十之七。"参加过抗倭的郑晓说:"大抵贼中皆华人,倭奴直十分之一二。"中国海商集团一是需要和日本人通商,二是故意用一些日本人吓唬明军。日人"轻生敢斗",明军特别害怕倭寇。中国海商集团甚至让部下冒充日本武士,以便于在中国沿海抢劫。

这种联合反明的斗争,使明王朝受到沉重打击。自嘉靖三十一年(1552年)倭寇进犯台州等地区起,"七八岁间,所破城十余……官军吏民战及俘死者不下数十万"。为了镇压倭寇,明王朝几乎倾注了全国的兵力和物力。明王朝因"帑藏空虚",不得不在江南实行"提编",即所谓加派。全国各地精兵良将都被调往东南沿海。戚继光即被从山东调去,他组建的"戚家军",在这场所谓"抗倭"战争中卓有战功。直到嘉靖末年,这场祸乱才算基本被平息下去。

4. 万历年间的援朝抗倭

16世纪末期,日本的新军阀丰臣秀吉陆续削平了其他封建诸侯,统一了日本,称为关白(即丞相)。这时,日本的封建经济有了进一步发展,尤其是商业发展迅速。丰臣秀吉为了满足国内封建主和商人的贪欲,也为了转移国内的视线,于万历二十年(1592年)发动了侵略朝鲜的战争,并打算以朝鲜为跳板,进而侵略中国和控制南洋。如果说以前的倭患是少数日本武士、商人的抢劫行为的话,那么,现在则是由统一的日本政府发动的大规模侵略战争了。

日、朝隔海相望,人民之间"往来互市,通婚姻",久无战事。朝鲜承平日久,兵不习战。日军十多万在釜山登陆,朝鲜军队望风披靡。日军迅速占领了王京(汉城),攻陷开城,进逼平壤。朝鲜王李昖仓皇逃离王京,奔赴平壤,接着又逃往中国境内。日军攻占了平壤,朝鲜大部分土地沦陷。朝鲜向明王朝告急,请求出兵援助。明廷以朝鲜"为我藩篱,必争之地",决定出兵援朝。

万历二十年(1592年)七月,明军在史儒率领下援救平壤,明军失败,史儒战死。副总兵祖承训率明军三千渡过鸭绿江往援，结果全军覆没，祖承训仅以身免。明廷大为震动，决定以宋应昌为经略，以李如松为东征提督，大举援朝。第二年一月，明军在朝鲜军队配合下，大败日军。日军先锋小西行长慌忙率残部南逃。中朝军队乘胜南下，相继收复了开城、汉城等地。日军伤亡惨重，退守釜山。中朝军队几乎光复了朝鲜全境。

在这种十分有利的形势下，明朝兵部尚书石星却力主与日和谈罢兵。丰臣秀吉亦假意求和，而暗中却加紧准备，企图卷土重来。宋应昌知道丰臣秀吉诡诈难信，力主乘胜将日军全部赶出朝鲜，否则，日军"觇我罢兵，突入再犯，朝鲜不支，前功尽弃"。这时以石星为首的主和派得势，仅许留下少量军队帮助朝鲜防守，大军撤回国内。

万历二十五年（1597年）二月，丰臣秀吉调集14万大军再次侵朝。明廷派兵部尚书邢玠率军往援，在朝鲜军队的密切配合下，连败日军。第二年丰臣秀吉死去，日军人心动摇。这年年底，中朝军队在朝鲜南海海面与日军大战，将日军几乎全部歼灭，在这次战斗中，朝鲜水军将领李舜臣和中国年逾古稀的老将邓子龙都壮烈牺牲，写下了两国关系史上光辉的一页。

日本发动的这次侵朝战争最终以失败告终。在这场反侵略的正义战争中，朝鲜军民坚持抗战，作出了重大的牺牲。这次战争的胜利主要应归功于朝鲜军民的英勇抵抗。同时，明军两次出兵援助，对夺取战争的胜利也起了重大作用。

明朝与葡萄牙的关系

1. 初通中国

正德六年（1511年），葡萄牙占领满剌加以后，已无后顾之忧，遂积极发展与中国的关系。这年，葡萄牙总督派佐治·阿尔伐立斯来到广州东莞县的屯门岛。佐治·阿尔伐立斯留居该岛时，染疾身死并葬于此地。屯门岛成了葡萄牙人初至中国的屯驻之地。

正德十一年（1516年）及正德十二年（1517年），葡萄牙驻满剌加总督两次派遣安特拉德来华,第二次并以皮莱资为大使,先至屯门岛，继到广州。葡人有海船两艘，并以火者亚三为舌人（即翻译），称佛郎机国向中国进贡,请准许入城。广州地方官以佛郎机素不通中国，拒绝了他们入城的请求。他们强行将船驶入中国内河，并举炮为礼，"铳炮之声，震动城廓。"葡使进入广州后，因《大明会典》中没有佛郎机之名，不是朝贡国，广州总督陈金不敢擅自作主，便奏请明廷定夺。葡使留居广州怀远驿二年多，正德十五年（1520年）初得允准后方送葡使进京。皮莱资先到南京，觐见了南巡的明武宗。待武宗返驾，葡使已先期到达北京。葡使要求获得与中国通商的权利，始终未被允许。武宗死后，世宗继位。时广州地方官屡奏葡人不法。葡人不仅"占据屯门海澳"，而且"剽劫行旅""掠卖良民"。有些大臣请求杀掉葡使，明世宗不许，仅命葡使回广州听候处置。皮莱资被系于广州监狱，于嘉靖三年（1524年）五月死于广州。

舌人火者亚三通过贿赂权臣江彬，在南京时即得侍武宗左右，常教武宗学习外国语以为戏。后随武宗入京，恃宠骄横，常轻侮朝官。嘉靖帝即位，火者亚三和江彬一起被处死。

2. 中葡冲突

葡人来中国，主要目的是要发展和中国贸易。对于葡人来说，发展海外贸易是发展资本主义的迫切需要。中国的情形则相反，仍是一个自然经济占统治地位的封建大国，资本主义萌芽极为微弱，没有发展海外贸易的强烈要求。明王朝一直推行海禁政策，只有朝贡才允许附带进行少量的物品交换，对私人海外贸易一概禁止。中、葡之间的这种矛盾，就决定了冲突势所难免。另外，葡人拥有先进的枪炮，面对尚处于冷兵器时代的中国，早存轻侮之心，敢于横行抢劫，公然侵占中国领土。这就决定中葡冲突必不可免了。

正德十六年（1521年）和嘉靖二年（1523年）初发生的两次中葡冲突，对中国产生了两个明显的影响。其一，佛郎机铳传入中国，并开始用于防务。汪鋐从屯门驱除葡人，即缴获了一些葡人的枪炮。"官军得其炮，即名为佛郎机"。汪鋐上疏明廷，极陈此兵器猛烈异常，请求大力仿制，用于边防。当时，明廷北边常有蒙古各部来犯，边事危急。明廷便听从了汪鋐所奏，且提升汪鋐为右都御史，督办此事，以便在边防上广加使用。

其二，由于中葡在广东两次发生冲突，明廷不准葡人前来贸易，并对南海其他国家来广州的贸易活动，也一概加以拒绝。这使得商业一度颇为繁盛的广州，顿时显得格外萧条，且严重影响到广东的地方财政税入。因这里海禁顿严，沿海商民便千方百计地北去闽、浙等地。葡人在广东不能得逞，也转向闽、浙沿海一带。中葡之间遂在闽、浙一带又发生了新的冲突。

嘉靖中期，以许栋为首的海商集团盘踞宁波附近的双屿港，进行走私贸易。葡萄牙人和许栋相勾结，在双屿建立据点，一边进行贸易，一边"每每肆行劫掠"。嘉靖二十七年（1548年），浙江巡抚朱纨派都指挥卢镗率兵进攻双屿，葡人全被驱逐，许栋也逃去。他们在双屿的房屋建筑也全部被铲除。

葡萄牙人随后又转移到福建沿海的浯屿（今金门）和月港，和那里的中国走私商人相结合，一边进行走私、贸易，一边进行海盗式的抢掠。嘉靖二十八年（1549年），朱纨亲自和福建巡海道副使柯乔率兵进击，葡人的船只从浯屿仓皇逃往诏安。明军截于走马溪，大获全胜。由于中国军民的英勇抗击，葡萄牙在广东、浙江和福建沿海的侵略据点都先后被拔除。

3. 侵占澳门

葡萄牙海盗商人虽一再被明军所驱逐，但在中国沿海占据一个通商据点的念头始终没有放弃。位于珠江口边的澳门成了他们觊觎的目标。

澳门原属香山县，故又称香山澳。因澳门有南北二湾，规圆如镜，故又称濠镜。在葡商定居澳门以前，曾一度以澳门西南的浪白澳为停泊地，与中国海商进行贸易。但那里交通不便，不是适宜通商之处。嘉靖三十二年（1553年），葡商通过向海道副使汪柏行贿，托言货船遇到大风浪，打湿了货物，请求在澳门晾晒。阴谋得逞后，便打算长久居留下去。他们在澳门修筑房屋，扩充居地，建造炮台，并设官治理。

嘉靖四十三年（1564年），驻柘林的明军在谭允传率领下发动兵变，一时威胁到广州。俞大猷令澳门的葡人协助进剿。"功成重赏其夷目，贡事已明谕其决不许"。葡人助剿有功，但始终未得到朝贡国的地位。自此以后，葡人在澳门愈加骄横。因此，明朝一些大臣屡次请求将葡人驱除，明廷则一味姑息。

万历年间，荷兰人也来到中国。他们十分羡慕澳门在对华贸易中的有利地位，数次要夺归己有，均被葡人击走。葡人为了在此固守，遂修筑城墙，设置堡寨。这引起了明朝政府的警惕，便建造关门，增调军队，设官镇守。明廷认为葡人在澳门便于稽察，如驱赶到外洋，他们心怀异志，可能为害更大。尽管不断有人奏请驱除，明廷却始终未予实行。后来，海道副使俞安性与葡人约定，严禁五事：禁止交接倭寇，禁买人口，禁兵船编饷，禁接买私货，禁擅自兴作，并立碑勒铭。

明朝末年，葡人视澳门犹如海外殖民地，极力要获得自治权。在万历年间，葡萄牙人设立澳门行政会议。万历八年（1580年），葡、西合并以后，便仿照国内各城市的自治制度，在澳门组成元老院，为处理政事的最高权力机关。中国政府对澳门事务虽不过分干涉，但葡人始终未取得完全的自治权。葡人在澳门居住，每年需向中国交纳地租二万两银子。另外，葡萄牙人的船只到澳门，需向中国地方官府交纳船税，船税数额以货物多少来定。至于司法大权，更是掌握在中国之手。例如，万历三十六年（1608年），香山知县蔡继善曾亲自往澳门，将一个带头闹事的"夷目"缚至堂下，"痛笞之"，使一场风波得以平息。

■ 明朝与西班牙的关系

西班牙人紧随葡人之后来到中国沿海。隆庆五年（1571年），西班牙人以武力降服了吕宋岛上各土酋势力，便以吕宋为基地，与中国进行交往。吕宋土地辽阔，资源丰富，且有金矿，比较容易开发。西班牙人少，当地土人不习耕作，故极力招徕华人。明朝后期，中国沿海人民前往吕宋垦殖、采矿或从事其他手工业生产，人数越来越多。

万历二年（1574年），中国海盗头目林凤率众南下吕宋，与西班牙人发生武装冲突。福建巡抚刘尧诲为彻底剿除林凤，派把总王望高率领战船两艘前往吕宋，约西班牙人出兵夹击。林凤势不可支，遁海逃去。

当时，明王朝对海外情势所知甚少，海禁政策一直未彻底废除。对林凤这样的走私贸易集团，不仅不许其在中国沿海屯留，而且勾结西班牙殖民者，联合进剿他们。吕宋原是中国的藩属，一直向中国朝贡。西班牙人侵占了吕宋，明王朝亦听之任之。林凤进攻吕宋的西班牙殖民者，明政府反而和西班牙殖民者一起围剿。在这种情况下，中国在南洋一带的势力只能日渐衰微。

万历三年（1575年），西班牙人以剿除林凤有功，派教士罗达和马尔丁率军士多人，带着国书和方物，随同王望高前来中国，意在获得与中国通商和传教的权力。罗达等人先到厦门，继至同安，后经漳州到福州，谒见巡抚刘尧诲。刘尧诲奏报明廷，以能慕义远来，准其朝贡。但对于通商、传教的要求，则一概予以拒绝。罗达等以所请不得允许，未有收获，便取道厦门返回吕宋。

万历二十六年（1598年）八月，西班牙船只由吕宋径至澳门，以求通商。广东地方官认为这属于"越境违例"，准备武力驱逐。澳门葡人也拒绝西班牙船只进入。西班牙船只移泊虎跳门（位于中山县西南海口）。他们仿效葡人旧日在澳门所为，擅自在这里建屋居住。海道副使章邦翰率领明军赶到，严令撤离。西班牙人被迫从这里撤走。章邦翰将他们建造房屋全部烧毁。

西班牙人在广东寻求通商特权的努力屡遭失败，再加上为了与荷兰人相对抗，便极力要在台湾建立据点。天启六年（1626年），西班牙武装船队进入台湾北部，并陆续占领了鸡笼（基隆）和淡水，修筑房屋，建造城堡，准备长期固守。这里一度成为西班牙开展与中国贸易的重要场所。这就自然和荷兰人发生了冲突。荷兰人进入台湾比西班牙人为早，他们在这里与中国海商进行贸易，获利很大，故对西班牙人的进入极为仇视。崇祯十五年（1642年），荷兰人将西班牙人赶出了台湾，夺占了鸡笼和淡水。西班牙人想在中国沿海占领一个据点的努力再一次遭到失败。

明朝与荷兰的关系

1. 早期交往

荷兰,明代史籍称之为红毛夷或红毛番。它来东方较葡、西二国要晚。当它占领爪哇以后,也想来中国进行直接贸易。万历二十九年(1601年),荷兰武装商船队到达澳门海面,请求准予贸易,自称"不敢为寇,欲通贡而已"。葡萄牙人严加戒备,不许登陆。明朝驻广东税使为平息争端,召荷人酋领入城游览。荷人在澳门一个月,毫无所获,怏怏而去。这是荷兰与中国第一次正式发生关系。

万历三十一年(1603年),荷兰军舰驶抵澳门,劫夺葡萄牙一艘商船,截获生丝甚多。万历三十三年(1605年),荷兰军队再次来到澳门,想以武力把澳门夺归己有。两国在澳门激烈争夺,终因葡人防守坚固,荷人只好无功而还。此后,荷兰人又多次进犯澳门,均未得逞。

2. 侵占澎湖

荷兰人在广东一无所获,便想在福建沿海夺占一个通商据点。澎湖离福建很近,又是海上交通要道,福建商人南去吕宋,葡人东贩日本,大都要从澎湖经过。荷兰人打算扼此咽喉水域,阻绝别国商船往来,独占与中国贸易之利。

荷兰人侵占澎湖,前后有两次。第一次在万历三十二年(1604年)八月,荷兰军舰驶抵澎湖,如入无人之境。他们伐木建房,想长期占领此地。福建地方官遣人往谕,令其撤离。荷人向福建税使行贿,迁延不去。当时,福建沿海的一些私商也纷纷前往澎湖,与荷人进行贸易。明朝的一些官员力请发兵剿除。总兵施德政派兵严守要塞,派材官沈有容率兵往谕,令荷人迅速撤离。税使也不敢贸然请求开市。荷人见此情势,知道不会有所收获,并且缺少补给,只得撤离。这次占领澎湖,前后约五个月。

第二次侵占澎湖始于天启二年（1622年）。当时，荷兰派遣雷伊尔斯苏恩率领舰船来华，其目的是夺占澳门或澎湖。因在澳门无机可乘，便驶往澎湖。荷兰人首先进攻六敖，被明朝守军击沉一艘军舰，俘斩十多人。荷兰退到浯屿（金门）。浯屿距中左所（厦门）甚近，那里又是商业重镇，荷兰人便向中左所发起猛攻。总兵徐一名冒死督战，荷兰人败退遁逸。接着，荷兰人又陆续进犯古浪屿、海澄等地，皆未得逞。荷兰人因武力不能奏效，便遣人谒见福建巡抚商周祚，请予开市通商，遭断然拒绝，并令其迅速撤回。荷兰人只得撤回澎湖固守。

当荷兰人往福建濒海地区进犯时，还留人在澎湖修筑城堡，以便固守。荷兰殖民者掳掠我国沿海居民一千多人为其运石筑城。他们以这里为据点，时常内犯，劫掠过往商船，并和一些海寇相勾结，互相接济。

天启三年（1623年）五月，雷伊尔斯苏恩再次遣人到厦门，致书当地中国守臣，要求准予通商，被严辞拒绝。雷伊尔斯苏恩遂亲自到厦门，继到漳州，谒见中国守臣，力请准予通商。中国守臣置酒款待，但不许通商，令其速回。中国守臣还派千总陈士英偕同荷人到巴达维亚（今雅加达），以向荷兰总督说明不准通商和不能在中国久留之意。

这时，南居益代替商周祚为福建巡抚，力主将荷人驱除。陈士英从巴达维亚回来后说，荷兰人正调集船只，驶往澎湖，强要通商。南居益知道荷兰人决不肯自行撤离，遂上疏请求发兵围剿，对这些殖民者，"必不可以理谕。为今日计，非用兵不可。"天启四年（1624年）二月，南居益遣将夺占了镇海港。南居益见荷兰人仍无退意，便令漳州和泉州发兵接应，调大兵围击。荷兰人虽武器精良，但终因寡不敌众，且补给困难，感到难以固守，遂遣使请求缓攻，等运米上船后，愿毁城撤退。明军以穷寇勿追，答应了荷人的请求。这年八月，荷兰人退走台湾。

3. 侵占台湾

▲ 荷兰殖民者侵略台湾

天启四年，荷兰殖民者占领了台湾南部。其实，在1622年雷伊尔斯苏恩东来时，即曾在台湾停泊。从澎湖退守台湾后，便打算进行长久经营。他们在台湾建造城堡，加强防务，并建学校，设医院，招民屯垦，还派遣许多传教士赴内地传教，进行多方面的殖民经营。他们以台湾为基地，与中国、日本进行贸易，这里的商业也日渐繁盛。

荷兰人为巩固在台湾的殖民统治，大力修建城堡。他们陆续修建了安平城（又名台湾城，荷名热兰遮城）、赤嵌城（今台南市，荷名普罗文查）、屯驻重兵，加强防守。天启六年（1626年），西班牙为了与荷兰人相抗衡，侵占了台湾北部的鸡笼（基隆）和淡水。崇祯十五年（1642年）荷兰人驱逐了西班牙人，将台湾全部占为己有。荷兰人对鸡笼和淡水二城加以扩建，使其成为台湾北部的重镇。

荷兰殖民者占领台湾后，仍不断到东南沿海一带侵扰。崇祯三年（1630年）和崇祯六年（1633年），荷兰人两次进犯厦门，"为郑芝龙击破，不敢窥内地者数年"。崇祯十二年（1639年），荷兰殖民者再次内犯，亦被郑芝龙击破。荷兰殖民者仰仗船坚炮利，在万历、天启、崇祯三朝，屡次内犯，给我国沿海人民造成了极大危害。中国军民武器不精，但在抵御殖民者的战争中表现出了高度的勇敢精神。

第三节　明代的外交管理制度

■ 明朝外交制度概况

　　元朝蒙古族统治阶级实行极不平等的民族政策，引起了各族，特别是汉族人民的不断反抗。元朝不足百年的历史中，人民起义几乎每年都有发生。后期"元政不纲，盗贼四起""天下大乱"。各路农民起义军中，朱元璋的势力越战越强。1368年正月，朱元璋在应天即位，定国号为大明，建元洪武。明朝建立后，平定了其他起义政权，进而北伐大都，"驱逐胡虏，恢复中华"。八月，明北伐军进入大都。元朝被推翻，蒙古贵族北退，元朝89年历史（1279—1368年）遂告结束。

　　明太祖统治时期，是中国封建专制集权制度高度发展时期。朱元璋唯恐大权旁落，裁撤中书省，废除宰相，由他亲自管理政府，对外政策最高决策权不用说也是皇帝：皇帝遇到重大对外问题需要征求幕僚意见时，往往通过廷议、朝议和部议等会议形式，不定期听听下臣的看法。1398年，太祖死，朱氏诸王内讧，经过4年内战，燕王朱棣取得帝位，改元永乐，朱棣就是著名的明成祖永乐帝。在他统治下，中国的外交活动达到了一个新的高潮。为了防御蒙古和进一步控制东北，明成祖于永乐十九年（1421年）正式定都北京。明永乐年间，对官僚体制作了一些调整，曾废除了"掌天子理阴阳，经邦弘化，其职至重"的三公、三孤、外事工作，皇帝与礼部直接挂钩。

■ 明朝外交机构设置

明朝礼部"掌天下礼仪、祭祀、宴飨、贡举之政令"(《明史·职官志一》)。部长为尚书，副部长为侍郎(左、右侍郎各一人)。礼部尚书官正二品，侍郎为正三品。礼部下属仪制、祠祭、主客、精膳四清吏司。其中主客、仪制二司是主管外事的部门。主客郎中(主客司最高长官)为正五品官。仪制郎中兼管的外事方面工作有朝贺、朝贡、宴飨、献俘等。礼部下属铸印局对受明朝册封的外国国王铸王印。"外国王印三等：曰金、曰镀金、曰银"。

礼部主客司"分掌诸蕃朝贡、接待、给赐之事。诸蕃(外国)朝贡，辨其贡道、贡使、贡物远近多寡，丰约之数，以定王若使迎送宴劳、庐帐、食料之等，赏赉之差。凡贡必省阅之。然后登内府，有附载货物，则给直(按价付款)。若蕃国请嗣封，则遣颁册于其国。使还，上其风土、方物之宜，赠遗礼文之节。诸蕃有保塞功，则授敕印封之。各国使人往来，有诰敕则验诰敕，有勘籍则验勘籍，毋令阑入。土官朝贡，亦验勘籍。其返，则以镂金敕谕行之，必与铜符相比。凡审言语，译文字，送迎馆伴，考稽四夷馆译字生、通事之能否。而禁饬其交通漏泄"(《明史·职官志》)。由此可知明朝接待外国来使和处理贡物及官方贸易的一系列程序。"勘籍"和"诰敕"相当于今时的外交官护照，送迎馆和四夷馆都有一批精通外语的"译字生"和"通事"；明朝的外事保密制度也可从此文可见：翻译人员必须禁饬"交通(外交)漏泄"。四夷馆全名是"提督四夷馆"，受制于太常(初属翰林院)，听令于礼部。提督四夷馆长官为少卿，高主客郎中一级，为正四品（《明史·职官志三》），"掌译书之事，自永乐五年，外国朝贡，特设蒙古、女真、西蕃、西天、回回、百夷、高昌、缅甸八馆，置译字生、通事（通事初隶通政使司），通译语言文字。正德中，增设八百馆（八百为国名），万历中，又增设暹罗馆（专译泰文）"。译员的选拔初"选国子监生习译，宣德元年兼选官民子弟，委官教肄，学士稽考课程"（《职官志三》）。

明朝沿设鸿胪寺，"掌朝会、宾客、吉凶仪礼之事"（《职官志三》）。诸蕃入贡，由鸿胪引奏。而一般出使国外的工作由行人司担任。"行人司，司正一人（正七品），左右司副各一人（从七品）。行人三十七人（正八品），职专捧节、奉使之事"。行人相当于传令之官，不只是"出国"传谕，"凡颁行诏敕，册封宗室，抚谕诸蕃，征聘贤才，与夫赏赐、慰问、赈济、军旅、祭祀，咸叙差焉"。朝廷重大出访，不会派行人之官为使团长，另选皇帝亲信，如郑和使日和出使南洋诸国等。行人一般作为副使和随员。

明朝使臣多中官（太监），即皇帝身边的亲信，如尹庆、侯显、郑和等。

明沿宋、元之制，分设市舶提举司专管对外贸易。《职官志四》载："市舶提举司，提举一人（从五品），副提举二人（从六品）。其属，吏目一人（从九品）。掌海外诸蕃朝贡市易之事，辨其使人表文勘合之真伪，禁通番，征私货，平交易，闲其出入而慎馆款之。"由于沿海常受到倭寇的侵扰，明政府一度禁止或限制海上贸易，这主要是为了国防安全，并不是故意中止明初以来的对外开放政策。《明史》卷75载曰："吴元年置市舶提举司。洪武三年罢太仓、黄渡市舶司。七年罢福建之泉州、浙江之明州、广东之广州三市舶司。永乐元年复置，设官如洪武初制，寻命内臣提督之。嘉靖元年，给事中夏言奏倭祸起于市舶，遂革福建、浙江二市舶司，惟存广东市舶司"。

明朝重仪礼，对"外国君臣冠服"有特别规定，《明史》卷67《舆服志三》记：洪武二十七年（1394年），"定蕃国朝贡礼仪，国王来朝，如赏赐朝服者，服之以朝"。"嘉靖六年（1527年），令外国朝贡人，不许擅用违制衣服。如违，卖者、买者同罪。"凡外国国君（如高丽、苏禄王）或使臣来朝访，明朝有专门的乐队、仪仗队，奏乐（国乐及"夷"乐）、鸣炮、赐宴。永乐三年九月，在福建、浙江、广东三市舶司内分别设来远驿馆、安远驿馆、怀远驿馆接待外来使臣和贸易商人。国外史书记载：外国使臣进见明皇，须行三跪九叩之礼。

明朝边患不绝，前期以倭寇、海盗为害最大（矮寇不仅是日本浪人，还有叛明的海贼）。海盗常伪装成外国来使或商人突袭沿海，外国不法官商、民商也乘机走私，因此明初推行了"勘合"制度，除规定外国按期入朝（不得超次）。即按"常制三年一贡"（日本为十年一贡，见后文）外，还发给各国入贡使臣以勘合作为下次来朝时的外交证明。郑舜功著《日本一鉴·穷河话海》记："勘合与四夷起于洪武壬戌（十五年，1382年），时外国入贡真伪难辨，乃以礼部立勘合文簿，给予暹罗、占城、琉球等国五十九处。凡入贡时赍给勘合，于各自布政使司比对，相同，然后支遣。"这种制度，对防止海贼冒充使节和商人，禁止外国不法官使走私活动，起到一定的作用。但由于进贡能获得超值的回赐，不少国家不守"三年一贡"和对来人来船的数额限制，有的国家甚至一年几贡，而且贡使人数大大超过限额。

明朝对外开放时期，朝贡国有一百多个，有些是一国几"贡"，以讨多份"回赐"。为了限制朝贡，明政府还实行入贡登记制度，受明诏谕之国，礼遇颇高，允贡时差较短。未受诏谕者，初次入贡要进行登记，下次再贡时要看是否符合时差（如三年允贡、八年一贡或十年一贡等）。"诸蕃贡物至，边臣验上其籍，礼官按籍给赐。籍所不载，许自行贸易。贡使即竣，即有余货，责令携归"（《明史·西域四·天方传》）。

对持有国书的外国使者，明朝皇帝一般都要亲自接见并重赏来使，回赐礼品给来使国君。不带国书者，明皇一律不见。俄国使者伊万·彼德林一行于1619年到达北京，尽管受到热情招待并获准贸易，但由于未带国书，万历帝拒绝召见。

第四节　明朝的著名外交家

■ 伟大的探险家郑和

郑和（1371—1433年），原姓马，名三保，生于云南回民望族之家，十二岁时被统一云南的明朝军队作为残元臣民的后代抓获，因其聪明伶俐，未被杀掉，而遭到惨绝人性的阉割，拨至燕王朱棣（后明成祖）府邸为奴，三保在朱棣身边逐渐长大，"博辩机敏""多建奇功"（前语见《明书·郑和传》，后语见朱国桢《皇明大政记》），深得朱棣宠信。三保对燕王也忠诚效命，明成祖夺得皇位后，任用三保为主管皇宫营建和皇室供应的内官。并赐三保为郑姓，郑和以此得名。明成祖即位后，同太祖一样，派遣大批使臣四处传谕，结好外国。郑和作为访日使臣，促使日本与明朝订立了"十年一贡"的协定和中日"勘合贸易"之约。郑和得名和使日在同一年（永乐二年，1404年，时郑和33岁）。出访日本的成功，使郑和的外交才能得以显露。第二年，成祖"欲通东南夷"，决定派大型使团出访"西洋"众国。如此重任委以郑和，足见郑和的条件超过一般文武百官。

郑和自永乐三年至宣德八年（1405—1433年）前后28年中，七下西洋，所至诸国，据《郑和本传》记载，有三十四国：

古城、爪哇、真腊、旧港、暹罗、古里、满剌加、渤泥、苏门答腊、阿鲁、柯枝、大葛兰小葛兰、西洋琐里、琐里、加异勒、阿拨把丹南巫里、甘把里、锡兰山、喃渤利、彭享、急兰丹、忽鲁谟斯、比剌、溜山、孙剌、木骨都束、麻林、剌撒祖法儿、沙里湾泥、竹步、榜葛剌、天方、黎代、那孤儿。

▲ 郑和

郑和七次下西洋是世界探险史和外交史上的壮举，反映明朝前期国力雄厚，航海技术高超。郑和整个后半生都投身于发展中外友好关系的伟大事业中，出色地完成了朝廷的外交使命，为东亚、东南亚地区的和平作出了杰出的贡献。郑和通西洋后，重树了中国的威信，来华访问的使者"连年相望于道"，"泛海通使不绝"。在他六下西洋回朝时，竟出现十六国使臣1200人同时来朝的外交盛事。《明史》所载36建交国（实际只有34个），有满剌加、苏禄等四国是由国王亲自来明朝建立邦交的，可见郑和在国外尊重他国，平等交易等活动深得人心。郑和作为古代外交家的杰出代表，究竟有哪些气质呢？外交学虽然主要讨论国家的对外政策和对外活动，但完成这些都靠每个具体的执行者，因此人的因素不可忽略。外交家一言一行都对国家间关系带来不小的影响，郑和的外交气质表现如下：

第一，忠实执行朝廷"宣德于外"的政策。郑和为成祖近侍，二人感情至深，成祖对郑和放心。《郑和家谱》说他"公勤明敏"。公，公道不私，忠于君命。郑和下西洋，全体船队共二万多人。文武百官俱备，各类专业人才齐全，指挥如此庞大的外派团体，不是"德"高望重之臣，皇帝不会放心，下臣也会反对，何况历代外臣妒嫉内宦，若郑和轻浮为私，定有非议。再看郑和七下西洋，外国献给"天使"的礼品如珠宝、珍奇等，郑和都如数上交礼部，以供皇帝和贵族享受，郑和死在第七次出使任上。部下携其尸还，无分其私财的纪录。郑和在外贸易，卖买公平，击掌而定价，账目不私，所易之物，上至"珍异之宝"，下至"蕃香蕃药"，也全部缴纳，"咸充廷实"。

第二，郑和"才负经纬，文通孔孟"。郑和的才能表现在文武两个方面，这是长期在成祖身边自学的结果。成祖用武力夺取皇位，郑和亲自参加战斗，"多立奇功"。出使西洋时，有两万多士兵和三百名军官护航，郑和为正使太监，兼护航军统帅。郑和船队几次遭到因误会而引起的攻击，郑和先后在几次险情中表现出非凡的军事指挥才能，制服了叛乱、偷袭的土著首领和海盗，并调解了海外部分冲突国家之间的矛盾。第一次下西洋（1405年）时，郑和歼灭了在南海地区作恶多端的海盗集团陈祖义部，为东南亚沿海国除了一害。第三次下西洋时，锡兰山国国王无礼，想诱骗郑和上岸入其国中加害。郑和发觉，去之他国。锡兰王不睦邻境，屡邀往来使臣而劫之，邻国都向明朝使臣诉其国不义之罪。郑和回国途经锡兰山时，锡兰王又想诱骗，同时发兵五万伏于岸路。郑和亲率二千步兵，绕开伏击区，由间道乘虚攻拔其城，生擒其王烈苦奈儿等。古代外交官无国际法保护，各国文明发展程度不同，外交官常会有生命危险。监危不乱，遇险不慌，是外交官基本素质之一。郑和不仅"知兵习战"，而且"博辩机敏"。博，博学多才；辩，口才超凡；机，机智灵活；敏，反应敏捷。此四字高度概括了郑和的外交才华。

第三，郑和年轻力壮，仪表堂堂。外交官反映一国风貌，封建君王的虚荣心极重，使臣的挑选莫不取"才貌"双全者。郑和出使日本时33岁，第一次下西洋时34岁，正是年轻有为的黄金时代，能胜任长期颠簸海上的重任。《郑和传》载："和之貌，身长九尺，腰大十围。"《古今识鉴》曰："（和）眉目分明，耳白过面，齿如编贝，行如虎步，声音洪亮。"如此气度，令人敬畏，有利于完成谈判等任务。

上面三条使郑和至少在成祖看来是"德智体"全面发展了。郑和还有两个特殊条件：首先，他是中性太监，少私情杂念，除皇帝外，无他人可忠可依；其次，郑和先后皈依伊斯兰教和佛教（其祖为穆斯林，当太监后信佛）。南洋诸国一部分为大食教区（伊斯兰），如苏禄、爪哇等；一部分为小乘佛教区，如暹罗、锡兰山等。国之风俗，以其宗教为主要标志，郑和了解宗教礼仪，更易与当地君臣接洽。

郑和下西洋的时代是15世纪上叶，几十年后，欧洲也开始了航海探险活动。明朝在郑和死后无力再下西洋，中国封建社会走向衰落，西方探险家迅速沿印度洋、大西洋进入郑和开辟的"西洋"航道，南海及印度洋沿岸三十多个向中国朝贡国很快遭到殖民者侵略。郑和与哥伦布都是15世纪大航海家，但各自的航海目的不同，因而后果各异。郑和七下西洋"费钱数十万，军民死且万计"，最远只到东非。从这一点上看，郑和使团的冒险精神远不如几十年后的哥伦布和麦哲伦，当时中国的航海技术比欧洲还强，由于没有新的生产关系促进航海事业，中国失去了第一次向商品经济过渡的机会。郑和外交壮举的社会意义，因而也就十分有限了。

■ 被扣异国的傅安

傅安（？—1429年），祥符（今河南开封）人。以吏员起家，先为南京后军都督府吏，后来担任四夷馆通事、舍人、鸿胪寺序班。明朝洪武二十七年（1394年）升为兵部给事中；次年（1395年）接受使命，出使帖木儿帝国，踏上了通往西域中亚的漫漫征途。在帖木儿帝国，他慷慨陈词，不为威逼利诱所动，始终不渝，保持了民族气节，维护了国家尊严，出色地完成了出使使命。他一生六次出使西域中亚，为明初中西陆路交通的畅达和明朝与中亚各国的友好关系，作出了不可磨灭的贡献。

明朝洪武初年，太祖朱元璋励精图治，经略雄伟，希望与各国搞好关系，制定了睦邻友好政策，遣使四出。傅安作为明朝使臣第一次出使。

洪武三年（1370年），在原来的察合台汗国之地兴起了一个强大的帖木儿帝国，是由帖木儿建立的。他自称是成吉思汗的继承人、察合台汗国的君主，力图恢复蒙古帝国统治。由于他娶了成吉思汗家族卡赞汗的女儿为后，明朝又称他为驸马帖木儿。他四出征战，建立了以撒马尔罕（今乌兹别克撒马尔罕州首府）为首都的庞大帝国。明朝从洪武二十年（1387年）开始与帖木儿帝国通使往来，帖木儿表示愿意与明朝交好，向明廷"纳贡称臣"。洪武二十七年（1394年），帖木儿曾遣使贡马200匹，送来致明太祖朱元璋的书信。次年（1395年），明太祖派遣傅安出使撒马尔罕。谁知两国关系此时却发生了突变。当时帖木儿连年向邻国征战，建立起欧亚最强大的帝国。随着扩张的步伐，帖木儿也越来越妄自尊大。傅安等人一到就遭到了冷遇，帖木儿让西班牙使节列坐于明朝使臣之前。傅安肩负使命，不顾个人安危，反复开导，宣扬国威，陈述明朝"富强振古莫比"。在异国他乡，他不畏威逼利诱，始终拒绝投降，保持了个人气节，维护了国家尊严。帖木儿还派人引导傅安等人在他广阔的国土上到处周游，以图夸耀，说服傅安。傅安却丝毫不为所动。于是，帖木儿无理地扣押了傅安等人。洪武三十年（1397年），明太祖曾派遣陈德文出使打听傅安等人信息，可是不幸也被扣留。次年，明太祖逝世。建文帝即位不久，燕王朱棣发动了"靖难之役"，明朝处于多事之秋。就这样，傅安被帖木儿帝国整整扣押了13年。

朱棣即位后，改元永乐。永乐二年（1404年）冬，帖木儿不仅不再臣服于明朝，而且以为可以用武力征服中国。经过一番准备之后，他率领数十万大军攻明。永乐三年（1405年），得到帖木儿率军经由别失八里东进的消息，永乐皇帝马上命甘肃总兵、左都督宋晟预先准备。结果帖木儿在率军渡过锡尔河后突然病死在途中，他的扩张计划落了空。帖木儿死后，他的帝国四分五裂。

▲ 帖木儿像

直到永乐五年（1407年），在异国被扣13年后，"艰苦备尝，志节益励"的傅安才回到中国。出使之时他正值壮龄，回来的时候已经须眉尽白。一起出行的1500名官军，生还的只有17人。六月二十二日，明成祖接见了他们。傅安出使不辱使命，终于在明初开通了中国通往西方的交通道路，可以与汉朝张骞"凿空"西域相媲美。他们热爱祖国的精神是相同的，出使事迹也同样曲折，然而傅安的事迹却鲜为人知。

第一次出使历尽磨难回国的傅安，并没有就此在国内安享天年。永乐六年（1408年），傅安等人作为两国关系恢复后明朝派出的第一批使者，又一次前往撒马尔罕和哈烈。哈烈是帖木儿之子沙哈鲁的管辖地，在帖木儿死后，成为帝国的首都；而撒马尔罕是沙哈鲁之子兀鲁伯的管辖地，他们与明朝建立起友好关系。傅安等风餐露宿，艰难跋涉，在当年抵达哈烈。沙哈鲁立即派遣使臣随同傅安等人入朝，表示了与明朝友好的意愿。傅安的第三次出使，是送撒马尔罕和哈烈使臣回国。通过使臣，传递了朱棣与沙哈鲁之间所表示的诚挚愿望，使两国友好关系达到了一个高峰。据统计，在永乐22年间（1403—1424

年），大约有210个左右的使团来自撒马尔罕和哈烈，另外还有数十个使团来自中亚的其他城镇。

傅安的后三次出使，到的是别失八里，那是察合台后裔于1370年建立的西域大国，因建都于别失八里（今新疆吉木萨尔）而得名。

明初，正当新王朝着手建立与西域中亚各国友好关系的时候，傅安一生六次奉使西域中亚，他对撒马尔罕和哈烈、别失八里等国的出使，对明朝与西域中亚诸国和睦友好关系的建立，以及中外交通陆路的全部开通，起了重要的作用。明朝与西域中亚各国建立和平友好关系，不仅有利于西域中亚局势稳定、明朝北部边境安宁，而且也符合东西方经济、文化交流的需要。当时重新开通的丝绸古道上，使者相望于途，商旅往来不绝。官方保持外交和贸易的频繁联系，也为民间贸易的兴旺创造了有利条件。

风尘仆仆奔走在丝绸古道上的使臣傅安，终生不过官至礼科给事中，更无显赫的封爵，今天也没有留下他的宝贵出使记录（所著《使远》，现已失传），这使他的事迹在岁月中几乎被湮沉。但是，他对明初外交的贡献，却永彪史册。

知识链接

注重礼俗的陈诚

明朝著名外交使节陈诚，字子鲁，江西吉水人，1365年生。明洪武年间进士，曾任翰林检讨。由于他能任贤荐能，善交少数民族，后升任吏部员外郎。明成祖永乐年间，西域和中亚撒马尔罕等国派使臣向明朝"年年进贡，岁岁来朝"。为了答谢诸国，朝廷曾征求文武双全的大臣出使西域。陈诚身负重任，先后三次出使西域，足迹远及中亚帖木耳帝国的名城哈烈（今阿富汗的赫拉特市）。

早在洪武二十九年（1396年）春，陈诚就曾奉明开国皇帝朱元璋之命，赴河西招抚撒里畏兀儿诸部，同年又赴安南谈判领土纠纷。建文三年（1401年）他曾出使蒙古。这几次出使，使他积累了与周边各民族和国家交往的经验。

▲ 陈诚出使西域

公元1403年，燕王朱棣把他的侄子拉下皇位，自己当了皇帝，世称明成祖。成祖是位有开拓精神的皇帝，当他站稳脚跟并且在国家积蓄了一定实力之后，便派郑和下西洋，派使节"通四夷"。陈诚曾有过的出使经历，使他成为"通四夷"的合适人选。

朱元璋推翻元朝以后，元朝在中亚的余脉帖木儿曾想像其祖先成吉思汗那样征服世界，却不幸病逝于远征中国的途中。帖木儿死后，帝国陷入混乱。永乐五年至六年（1407—1408年），帖木儿之子沙哈鲁平定乌浒河外地区与伊朗东部，继承了帖木儿的汗位，但汗国实力已远不如曾经驰骋中亚的帖木儿时代，只得向大明皇帝遣使朝贡。

永乐十一年（1413年）七月，沙哈鲁从哈烈城派出的使团到达北京。成祖十分高兴，随派出中官（宦官）李达等人组成出使西域的使团，护送沙哈鲁的使团回国，并回访其国。陈诚在这个使团中充任书记官。

陈诚动身前，友人胡广在送行时曾劝他在域外"考其山川、著其风俗、察其好尚、详其居处、观其服食"，出使归来后可查证旧史记传，纠正谬误，使之成为将来国家修纂国史时可以参考的资料。后来，陈诚在出使中果然详记经历，归国后按胡广的意见撰写了《西域番国志》和《西域行程记》。

以李达为首的使团于次年正月从酒泉出发，出嘉峪关，经玉门、敦煌、哈密等地到达吐鲁番。使团计划取道东察合台汗国，便在崖儿城（今吐鲁番交河故城）停留17日，打听道路。使团在离开崖儿城时分为两队，一队向北,由李达率领;一队西行,陈诚在此分团中。西行分团经托逊,跨越博脱山,在阿达打班翻越天山,到达孔葛思河(今伊犁河上游支流巩乃斯河),再西行时,便遇到东察合台汗国马哈麻王派来迎接明朝使节的官员。

西行分队在该汗国驻地停留了13天,于五月初继续西行。他们渡伊犁河而南,沿伊塞克湖北岸和今哈萨克斯坦和吉尔吉斯斯坦边界向西,到达赛兰城(今哈萨克斯坦奇姆肯特)。而李达的分队已经先期到达那里。于是两队合而为一,继续向西南行进,进入今乌兹别克斯坦境,经达失干(今乌兹别克首都塔什干),继续南行至沙鹿黑叶。

明使团派人向沙鹿黑叶城首领也的哥儿哈班送去明政府的赐品。由此西行,至帖木儿的诞生地渴石。由渴石南行不远至山,山中的铁门关(今乌兹别克南部的边境城市铁尔梅兹),自古以来就是粟特与大夏的自然分界。

明朝使团越铁门关、渡阿姆河后,又走了数日才到达沙哈鲁驻地哈烈城。

这次出使,明朝使团途经16个国家,受到西域各民族人民的欢迎,产生了很大影响。明使团归国时,哈烈、失剌思、俺都淮、撒马尔罕和今新疆的火州、吐鲁番等地的首领,都遣使随团同行,向明朝入贡。

永乐十三年(1415年),明使团与随行的西域各国使者到达北京,受到明成祖款待。使团的负责人李达以及使团的成员陈诚等受到明成祖的封赏。

永乐十四年秋,上述西域各国使团离开北京归国,明成祖命鲁安和陈诚与之同行,再次出使西域。明政府命使团携带丰厚礼品,送给帖木儿帝国大汗沙哈鲁、及其驻守在撒马尔罕的长子兀鲁伯、安都淮的首领赛赤答阿哈麻答罕、失剌思的首领亦不剌金。

此行所取路线与上次出使不同,是沿天山南路西行,从新疆喀什附近进入费尔干纳盆地,并拟赴波斯的亦思弗罕。所以使团还携带了赐给费尔干纳盆地的俺的干（今安集延）和亦思弗罕（今伊朗第二大城市伊斯法罕）首领的礼品。此次出使历时两年，陈诚等于永乐十六年（1418年）四月回到北京。与陈诚一起到达北京的有帖木儿帝国的使臣阿儿都沙。

同年九月，阿儿都沙启程归国，成祖又命李达与陈诚同行，第三次出使中亚。这次使团还携带了给使团途经地哈密王免力·帖木儿和亦力把里王歪思的礼品。陈诚等完成出使之后，于永乐十八年（1420年）十一月回北京。明朝的这次出使在帖木儿帝国的史料中亦有记载。

永乐十九年（1421年）春，明政府又计划派陈诚出使西域，但因为这年四月初八发生明皇宫突然失火的事件，明政府下令"大赦天下，停止四夷差使"。这次出使未能成行。

永乐二十二年（1424年），明政府恢复与四夷交往。当年四月再派陈诚出使西域。陈诚五月从北京出发，抵甘肃后正准备出嘉峪关，突然传来明成祖去世的消息，遂停止向西域进发，陈诚被召回北京。

陈诚前两次出使西域，皇帝都很满意，第三次出使归来却未得到应有重视，朝廷仅仅给了他一个"广东参政"头衔。陈诚辞不就职，自此一直过着隐居生活。"不妄与人交，居闲三十余年，绝口不挂外事。"陈诚被冷落同朝廷内部官僚之间内争、倾轧有关。后来，陈诚的名字很少有人注意，《明史》亦不为列传。直至他的两部著作被发现以后，他的业绩才引起人们关注。

陈诚在出使过程中悉心记载了所闻、所见，形成两本很有价值的著作《西域行程记》和《西域番国志》。

这两本书记述了明朝使团第一次从肃州（酒泉）起程后的具体路线，对沿途各地的风土人情等作了详尽记载。其中，对今阿富汗、乌兹别克境内的赫拉特和撒马尔罕城的描写尤为详细生动。如当地的建筑风格：房屋呈平方形，不用栋梁，墙壁门扇雕绘花纹，屋内铺地毯。风土人情：衣着崇尚白色，人们席地而坐，肉饭以手取食；丧葬不用棺木，富户人家多在坟头筑一高屋；不祭鬼神，不奉祖宗。婚姻习俗：多以表姊妹为妻妾，兄弟姊妹可通婚。社会生活：有七日一次的集市贸易，本地人称"巴札"。老百姓有以射葫芦为乐的习俗：葫芦内藏白鸽，以射中后白鸽飞出决优胜。农业有五谷、养蚕桑，但不如中原兴盛。

这一时期，慕名而来的很多国家派使节和商人前来中原朝贡，当时商业贸易活动已相当活跃。明朝政府对此也持开明态度，敞开胸怀接纳。如永乐十八年（1420年），哈烈、巴达克山（今塔吉克东部和阿富汗东部）等地的商贾五百余人，就是沿着陈诚走过的路线东进的。

第六章
清代的外交

　　1840年鸦片战争以前，清朝采取了闭关锁国的政策，清朝与周边国家维持着长期的和平。当时清朝认为中国是优越和强大的，是世界的中心。自中外通商以后，清统治者视来华的西人为非我族类的野蛮人，认为应严格加以防范。在这种意识支配下，19世纪初的清朝基本实行闭关锁国的外交政策。

第一节　清朝与西方国家的关系

■ 清代的对外政策概况

在清代，随着"海禁"政策的更为严厉，对外贸易也实行了严格的限制。所以人们认为清代的对外关系实行的是"闭关政策"。清代实行海禁最严厉的时期是在顺治时期，规定"凡有商民船只私自下海，将粮食货物等项与逆贼（指郑成功领导的抗清军）贸易者，不论官民，俱闻处斩，货物入官；本犯家产，尽给告发之人。其该地方文武各官不行盘缉，皆革职从重治罪。地方保甲不行举首，皆处死"（顺治十三年发布的"上谕"）。其后不久，又在沿海搞无人区，强迫山东以南沿海居民一律"迁界"后撤30里到50里，界内房屋全部烧毁，居民有再进入者处死，商船和民船皆不准下海。康熙五十六年还明文告示，"禁止商船往南洋吕宋、噶喇巴等处贸易"。

▲ 海禁运动

当然清代的海禁也有较松的时候，如康熙二十二年郑成功孙子郑克塽投降后，清朝开放海禁，一度宣布取消有关海禁的一些规定。但总的来看，清朝的对外政策实行的主要是以海禁为主的对外贸易政策。

　　清朝实行海禁和闭关政策并非是偶然的，其有着深刻的社会经济原因，它是由中国社会基本经济结构和政治制度的性质所决定的，是农业与家庭手工业紧密结合的小农制经济，在对外贸易上的一种反映。自给自足的自然经济并不需要对外乞求，在清统治者看来，"天朝富有四海，岂需尔小国些微货物哉"；而从外国进口的钟表之类属"奇技淫巧"，并非必需；出口的茶、瓷器、丝等也非国内经济发展的需要。自然经济是勿需开拓国外市场的。乾隆皇帝在赐英吉利国王敕书中就明白无误地表达了这一思想："天朝物产丰盈，无所不有，原不借外夷货物以通有无。"在他看来，允许通商只是一种施恩而已，于己无利，没有经济上的必要，也不是为了求利。因此，这些目光短浅者看不到对外贸易可以通过出口货物换回财富这一事实，更不懂得开拓国外市场能刺激国内生产发展、扩大外贸可以积累财富这一道理。封建统治者力图保护其统治根基的小农经济，坚持重农抑商的政策。从当时国家税收实际构成来看，主要还是依靠农业税，商业税比例很小。鸦片战争前，海关税年收入近百万两，不到财政总收入的四十分之一，微乎其微。从政治上看，清王朝不仅要维护封建统治，还要维持异族统治，害怕被统治者在对外通商中会引起不满和得到外国人的支持，不利于其统治，以闭关来防止中国人与外国人的接触，杜绝外来思想的输入及其影响。此外，闭关也是清政府狂妄自大，对世界事务无知所致的。这些人蒙昧无知，把中国作为世界中心，对国外发展的资本主义一无所知，误把外国对华的贸易视之朝贡或认为有所求，看不到其中的经济侵略和寻求发展资本主义国际市场的真正目的。

■ 清朝与荷兰的关系

1. 郑成功收复台湾

1642年,荷兰独霸台湾后,仍不断侵扰大陆沿海。1646年,清军南下福建,郑成功背父抗清。1659年,在北伐清军失败后,郑成功退据福建厦门。因厦门狭小,郑成功决定收复台湾作为抗清基地,并解除荷兰殖民者在东商的威胁。1661年4月21日,郑成功率军25000名自金门岛出发。4月29日,郑军出其不意地进鹿耳门,在禾寮登陆,进攻荷军据点赤嵌城(荷名普罗文查,今台南市),并断绝城中水源,迫使该城荷兰守军投降。随即郑成功又移师台湾城(荷名热兰遮城,今台南市安平镇)。荷军急忙遣使请求以纳银来换取郑军撤退,郑成功致书荷兰总督揆一,严正指出:"台湾者,中国之土地也,久为贵国所踞,今余既来索,则地当归我。"但荷军顽抗待援,拒不投降。8月,十艘荷兰救援兵船从巴达维亚赶到台湾,被郑军击败逃逸。城内荷军

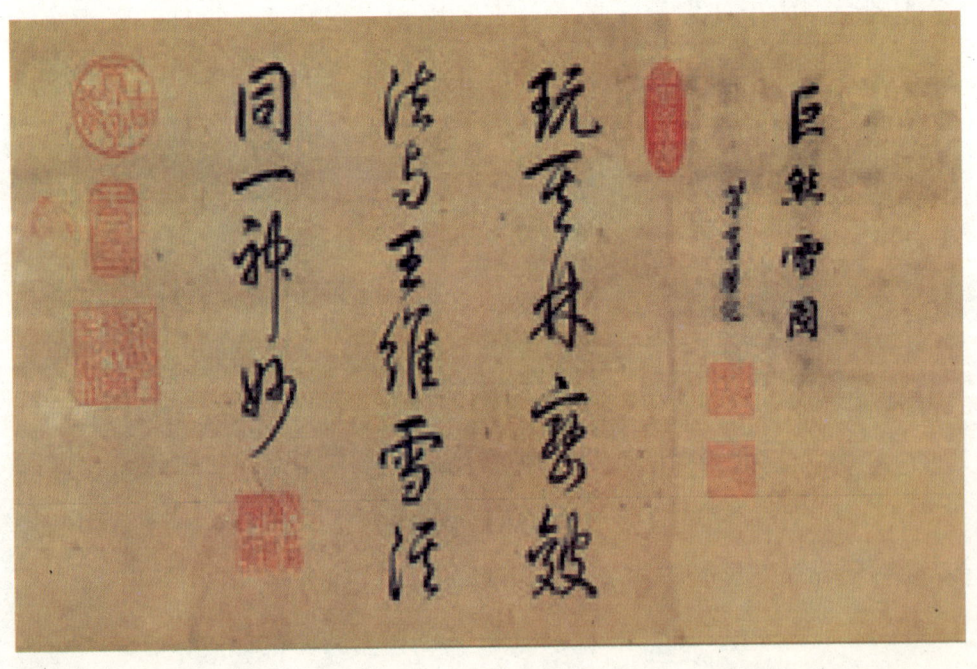

长期被围，粮尽药缺。揆一走投无路，遂于1662年2月1日签约投降。10日，揆一率残部退出台湾。郑成功收复台湾，是中国人民反对西方殖民侵略斗争的第一次伟大胜利。它解除了台湾人民遭受荷兰殖民统治的痛苦，保全了中国领土完整。

2. 清荷关系

清朝建立后，荷兰人便积极寻求与清政府建立联系。1653年（顺治十年），荷兰的巴达维亚殖民政府派遣斯克德来广州，请求通商，广东巡抚立即上报清廷。1655年，荷兰使节哥页与开泽再来广东，即被护送进京。经交涉，顺治帝决定允许与荷兰通商，八年一期，人员不得逾百人。但不久清朝宣布禁海政策，而荷兰人又与郑成功集团对抗，实际并未通商。郑成功收复台湾后，荷兰东印度公司曾于1662、1663、1664年三次派遣博尔特率领十余艘武装舰队，打着帮助清政府平剿"海逆"（即台湾郑氏集团）与"朝贡"的招牌，前来中国福建与台湾沿海，企图重新占领台湾，并谋取在中国的贸易特权，但未能如愿。1664年荷使范胡伦再次入京，目的仍在争取扩大商务利益，然而也没有取得进展。直到1686年荷使入京交涉后，清廷才同意将通商时间放宽到五年一次。此后荷兰商人又得到清廷的许多优待。1729年，荷兰人于广州设立商馆。1736年，乾隆帝又免除荷兰人货物进口附加税。1762年，清廷又准许荷兰商船可运输中国土丝出口。但是，清廷的优待并不能满足荷兰通商要求。1794年，荷兰东印度公司便借庆贺乾隆帝御极六十周年之机，派使节铁俊甫和文谱兰来华，清廷除热情接待外，还是未允许扩大荷兰在华商务利益。

■ 清朝与英国的关系

1. 中英早期接触

英国人与中国的接触，早在13世纪蒙古西征军中就曾有英人担任翻译和信使。16 世纪后，英国人也企图由海路通航中国。1582 年、1596 年，伊丽莎白女王还两次委派英国商人到中国，并且带交她致中国皇帝的信，结果未达目的。因为葡萄牙人和西班牙人已从两个方向分别垄断了东西海上交通航线，而英国人在打开"北半球航道"到中国的尝试中也未能成功。17 世纪 30 年代，荷兰人在印度尼西亚的殖民统治已经巩固，构成对葡萄牙的果阿至澳门之间海上运输的威胁。1635 年，葡萄牙果阿总督请求英国人替葡运货至澳门。1636 年，又有约翰·威德尔率领的英国舰队，在国王查理一世的支持下，向中国航行。1637 年 6 月，这支英国船队抵达澳门附近的黄坑岛。不久又驶往广州，在虎门与明朝军队冲突。随后，威德尔派人与广东地方政府谈判，表示愿与中国通商。由于葡萄牙人从中作梗，中英之间的第一次官方接触并未取得结果。至此，在大约一个半世纪中，英国人曾几十次地作了打入中国的各种尝试。虽然这一次正式接触也失败，但威德尔却建议英国政府夺取海南岛作为英国对华贸易的基地。

2. 英国东印度公司与中国

英国东印度公司成立于 1600 年，自始就获得了对东印度贸易的独占权。而在早期中英关系上，它也是英国对华贸易、外交的实际代表者。自 1635 年英国东印度公司替葡萄牙运送货物到澳门后，1664 年和 1673 年，东印度公司曾两次直接派船到澳门，但都遭到葡萄牙人与清朝广东地方政府的阻难，失败而去。于是，他们便到台湾试探。1670 年，两艘英船到达台湾后，即与郑经订了一个二十条协议。英国东印度公司被准许在台湾通商。1672 年，在台湾设立商馆，并曾在郑经占据闽南期间开商馆于厦门。不久，清军平定台湾，该公司在台湾及厦门所设的商馆均被关闭。清朝开放海禁后，英船更积极地在中国粤、闽、浙沿海活动。1700 年，英国东印度公司派喀恰浦为第一任监督，设监督公署于定海。同时，英王又任命他为总领事。但他认为定海不如广州与厦门,乃于1702年离开定海。1715年,英国东印度公司正式在广州设立商馆。此后,这个公司驻广州办事处特别委员会便成为执行中英贸易与外交的专门机构。而这个特别委员会的主席,即被中国所称的"大班",还是广州外国商界代言人。1757年,东印度公司鉴于广州方面对外商限制很严格,规礼又很重,准备派员到浙江宁波开辟贸易。而清政府却在这年宣布洋船只准在广州一地进行贸易,严格禁止洋船再到其他海港。但禁令尚未到达英方,东印度公司已派通事洪任辉试航宁波。1759年,洪任辉到达宁波后,被浙江地方官拒绝。洪氏便继续北上,由海道直抵天津,并通过天津地方官呈书乾隆帝,状告广州行商与地方政府。乾隆帝即特派钦差前往广州会同总督李侍尧查办。洪任辉回广州后,清政府以"勾串内地奸民"罪将洪氏押往澳门圈禁三年。同时两广总督李侍尧又制订《防范外夷规条》,从而加强了对外商的限制。以后英国东印度公司又多次派员就对华贸易进行交涉,但清政府的限制并未放弃。然而,英国东印度公司仍然从对华贸易中获取了巨额利润,直到1833年该公司对华贸易独占权被取消为止。

3. 马嘎尔尼使华

18世纪后期,工业革命在英国展开之后,对于海外市场的需求更为迫切。英国政府鉴于英国在华商业利益重大,企图谋求与清朝的外交关系,于是决定派遣使团赴北京,东印度公司也乐意为使团提供全部费用。1787年,英国政府任命国会议员喀塞卡特为大使使华。使团目的除力图消除清朝政府对英国的疑虑外,努力扩大英国在华通商特权,建议两国互派常驻使节。因喀塞卡特病死途中,使团只好折回。1792年,英国政府又选派曾任英国外交官与殖民地行政长官的马嘎尔尼率团使华。为了避免使团的商业色彩,英政府特备英王乔治三世祝贺乾隆帝83岁寿辰的贺函一封。并特地选备价值15610英镑的礼物,以争取中国朝廷对使团的重视。还选择包括科学技术人员在内的使团成员，并以装有 64 门火炮的兵舰作为大使座舰，以显示英国的财富与威力。同时又通过东印度公司事先通知中国政府。1793 年 8 月，使团一行在大沽登岸，清直隶总督梁肯堂专程赴津迎接。9 月，乾隆帝在热河避暑山庄接见了马嘎尔尼一行，英使团也参加了乾隆帝 83 岁生日的庆典。清朝官员原以为英国使团是来进贡与祝寿，但马嘎尔尼返回北京后，则向清政府提出了一系列的要求。主要内容为：一、请中国允许英商在北京设立商馆；在舟山、宁波、天津等处贸易。二、请于舟山附近小岛和广州附近划一地方供英商居留、储货之用。三、请减轻和优待英船入港商税。上述要求均遭清廷拒绝，清政府只向马嘎尔尼颁发了乾隆帝给英王的三道敕谕。乾隆帝在敕谕中指出："天朝尺土，俱归版籍，疆地森然，即岛屿沙州，亦必划界分疆，各有专属。况外夷向化天朝交易货物者，亦不仅尔英吉利一国，若别国纷纷效尤，恳请赏给地方，居住买卖之人，岂能各应所求？且天朝亦无此体制，此事尤不便准行。"交涉未果，马嘎尔尼一行只好由广州取船怏怏回国。嘉庆二十一年（1816 年），英国政府又派遣阿美士德为首的使团来华，目的仍在于扩大英国在华商务。但此行仍毫无结果，仅带回一道嘉庆皇帝致英王的敕谕。

4. 澳门事件

葡萄牙人窃据中国澳门，英国殖民侵略者十分眼红。早在 1781 年，英国东印度公司的一位大班就曾建议英印殖民政府夺取澳门。1802 年，英印殖民政府担心侵入葡萄牙的法国占取澳门，妨碍英国在中国的商务，派兵船 6 艘到达伶仃洋海面，准备占领澳门，被清政府严词遣回。1807 年，拿破仑又出兵占领葡萄牙，英国又担心法国侵占澳门。1808 年，英印总督又遣兵东来。9 月 21 日，英兵擅自在澳门登陆。两广总督吴熊光未及派兵驱逐，企图和谈劝离。但英兵以保护为词，迁延不去。

10月5日，吴熊光下令停止英国贸易。但英兵却乘虚驶进虎门，停泊黄埔，并增兵遣舰，共达13艘760余名。迫不得已，吴熊光只好上奏朝廷。嘉庆帝严谕吴熊光统兵剿击。吴熊光遂调集清军2600名，前往黄埔和澳门。至此，英军指挥度路利表示撤军。1809年3月，英军全部撤离澳门。澳门事件后，清廷将吴熊光革职查办。新任两广总督百龄立即亲赴澳门，调查此事。英国大班剌佛亲自出具禀结，对英军自行登岸表示道歉，并保证英国兵船不再来粤，清政府遂允许英国商船继续在广东贸易。英国殖民侵略者虽然在澳门事件中失败，但却继续从事破坏中国主权的活动。英国来华商人先后制造多起杀害华人血案，英国大班却拒不交出凶犯，破坏中国的治外法权。1832年，英国东印度公司又专门派遣"阿美士德号"沿中国海岸北上，沿途调查中国政治、经济、军事情报，测量中国港湾河道深浅，绘制成详细的航海图，为日后的侵略活动进行准备。

■ 清朝与其他西方国家的关系

1. 法国与清朝关系

中国与法国的关系始于耶稣会传教士。第一个来华的法国传教士金尼阁于1611年到达中国。17世纪60年代，法国国内建立起中国传教会，它的目的既要向中国输送传教士，又要在中国建立布教和贸易关系，1685年，法国国王路易十四又派包括白晋和张诚在内的五个耶稣会士来华，他们带着路易十四给康熙的信。1697年，白晋回国，自称康熙帝要求与法国通商，竭力促使法国来华通商。于是法国东印度公司乃派"安菲特立特"（女海神之意）号首航中国。1698年11月，船抵广州，从中国运回大量丝绸瓷器。1701年，该船又作第二次来华航行。与此同时，1700年，法国又组成"中国公司"，以推行对华贸易。此后这个公司与"东印度公司"合并。1728年，法国在广州设立商馆。

1776年，法国设领事于广州，傅格林被任命为第一任领事。18世纪末，法国国内革命兴起，使它在鸦片战争前对华外交与贸易一直没有取得显著进展。

2. 早期中德关系

如同早期中法关系一样，中德关系也开始于耶稣会传教士。最早来华的德国耶稣会士有汤若望等人。汤若望于1619年到达中国澳门，以后便由此经粤、赣等地来到北京，被明廷授命修正历法和监制大炮，后又任清朝钦天监监正。在中德经济关系方面，由于在1871年以前，德国还处于邦国林立状态，对华贸易额极其有限。德国的对华贸易可追溯到1716年。该年，德国的俄斯德顿会社商船开始了印度洋贸易，其船队还到达中国广东南海海面，但遭到荷兰、英国的排挤而未果。直到1752年，德国各邦中力量最大的普鲁士王国，由其国王腓特烈二世特准设立的"普鲁士王家艾姆敦对华亚洲贸易公司"开始派

▲ 官员议事

船开展对华贸易。"普鲁士国王"号从广州运回大量瓷器、茶叶、生丝和丝织品。它不但成为德国来华的第一船,而且开通了由艾姆敦到广州的中德两国间的海上直接联系。在以后的五年间,"普鲁士王家艾姆敦对华亚洲贸易公司"的船只曾十数次来广州,使艾姆敦成为德国的中国物品专卖市场,吸引了汉堡、不来梅、法兰克福、科隆等地商人。七年战争(1756—1763年)后,虽然该公司不能直接从中国运货至艾姆敦,而必须经过英国卸货,但该公司仍积极参加对华贸易。1787年,普鲁士国王还任命英商皮尔为驻广州的普鲁士王国领事。与海路贸易的同时,18世纪下半叶,普鲁士还通过俄国由陆路开展对华贸易,不久由于沙俄征收过境税,迫使普鲁士商人于1822年放弃了陆路贸易。

3. 早期中美关系

1783年4月美国取得独立后,波士顿商人曾于当年集资装备"哈里特号"商船,但该船行至好望角因英船阻挠而中途折返。次年2月,纽约和费城商人又集资装备"中国皇后号"首航中国,8月抵达广州,从此开始了中美之间的直接关系。1786年,美国政府以山茂召为驻广州的第一任领事。在对待中国的外交方针上,美国政府要求美商在中国避免公开敌对行动。1821年,美国一水手扔罐砸死一中国船妇,在广州官员要求下,美国船长只好交出该水手,并按中国法律处死。因此,早期中美关系发展稳定,美国的对华贸易也发展迅速,很快后来居上。1795年以后,美国从广州出入的船只已仅次于英国而领先于其他西方国家。1820年至1830年间,美国商人于广州陆续建立了6个商馆。但19世纪30年代后,随着美国国力增强,美国政府开始支持美国商人对中国市场的突破,并采取了紧跟英国侵略中国步骤的政策。

4. 清朝与其他西方国家的关系

入清以后,葡萄牙与西班牙两国的海上殖民势力已经衰落,但仍然不断有葡萄牙和西班牙的船只来广州贸易，葡萄牙并继续占据中国澳门，以此开展对华贸易。此外，西方的意大利、比利时、丹麦、瑞典、墨西哥也先后来广州与中国通商。意大利并于1670年向清朝派来使节。丹麦在当时称为嗹国，广东人则称为黄旗国。1731年，丹麦设立商馆于广州。第二年，瑞典的东印度公司也于广州设立商馆。清代称瑞典为瑞国，广东人又称蓝旗国。瑞典东印度公司一直以对华贸易为主要业务。自1731年至该公司被解散的1806年的共75年间，该公司先后组织了132次的来华航行。另外，17世纪，波兰国王约翰三世为了对付俄国和土耳其，曾通过比利时传教士南怀仁、意大利传教士闵明我与康熙皇帝联系，但由于1689年中俄《尼布楚条约》的签订，这一活动没有成功。

5. 清政府对澳门的管理

入清以后，澳门仍隶属香山县，处在清政府的法律政令管束之下。葡萄牙人仍向香山县完纳地租。1647年（顺治四年），清政府在此设置前山寨，立参将府，专门戍守澳门。1730年（雍正八年），又因澳门距香山县城遥远，遂在前山寨专门设立县丞署，就近管理澳门民政事务。随着澳门人口增加，清政府为了加强对澳门的管理，乾隆九年（1744年），又专设海防同知。统管海防和澳门事务。印光任被任命为第一任海防同知。赴任后，他立即制订并颁布《管理澳夷章程》七条，规定澳门洋船进口与内地商民入澳制度。鉴于在澳中外居民互相斗殴杀伤案件的多次发生，1749年，清澳门同知张汝霖和香山知县暴煜共同制订《善后事宜》十二条，分别得到广东督府的批准和葡印果阿总督的赞同，在澳门立石刊刻。《善后事宜》除明确规定在澳门发生的犯罪案件一律按清朝法律治罪外，还规定在澳门严禁夷人出澳入内、赊物收贷、私擅凌虐、擅兴土木、贩卖人口、窝藏罪犯、设教从教，违者按律治罪，或者驱逐出澳。它重申了中国政府对澳门的主权，使清朝对澳门的管理进一步加强。1808年英国兵船围占澳门事件发生后,次年新任两广总督百龄和巡抚韩崶立即就防范外国兵船入澳门制订了《民夷交易章程》,规定外国货船所带护货兵船不许擅入中国各海口,而外国货船进口,预先也要报请澳门同知给予印照,中国守口兵船验照放行。这个章程得到清廷批准。另外粤海关部还派员在澳门港口征收商税。鸦片战争前,澳门在清朝政府监督管理下,成为西方各国到广州进行贸易的基地。

第二节 清代的外交管理制度

■ 前清外交制度

1. 理藩院

清朝理藩院是管理少数民族事务的机关，但也负责一部分外交事务。大清在关外时，蒙古归附，崇德元年（1636年），清设"蒙古衙门"，崇德三年（1638年）六月，"蒙古衙门"改名为理藩院。清在入关前有蒙古为其"藩"（内附），有朝鲜为其"属"（外交），藩附属理藩院管辖。入关后，藏、回等族事务也归理藩院辖。但是清朝把北方境外俄罗斯及西南相邻的廓尔喀（尼伯尔）也想当然地列为"外藩"，与这两国的交涉事务也归理藩院负责。顺治十六年（1659年），理藩院尚书、侍郎改兼礼部衔，定为"礼部尚书（或侍郎）衔掌理藩院事"。十八年，又去掉礼部衔，专掌"蒙古及藩部封授、朝觐、贡献、黜陟、征发之政，控驭抚绥，以固邦翰"。"理藩一职，历古未有专官，唯周官大行人差近之"。理藩院下属有旗籍、王会、典属、理刑、柔远、徕远六清吏司。前清相当长的一段时间内，理藩院包揽了与俄国交往的一般事务。清《俄罗斯事例》规定，俄国贸易行文，应将原文"报明理藩院，听候办理"（《光绪会典》）。理藩院还专设俄罗斯馆（1694年，即康熙三十三年设立）。《恰克图条约》明文限制了俄国来华官方商使每三年一次，每次二百人以内。俄官商来京，"寓俄罗斯馆,八十日间,许以免税通商"(《清朝全史》第44章)。咸丰五年(1855年),理藩院主订《伊犁塔尔巴哈台通商章程》。十年,理藩院定《中俄续约》,到后清"自译署(总理各国事务衙门)设,职权渐已"。

2.礼部

前清对外交往的具体事务,除俄罗斯、廓尔喀、浩罕以外,

▲ 理藩院

其余所有"属国""与国"事务,都属礼部。商朝有宾官,周朝有春官,隋唐以后,各代都有礼部。清朝入关前,于天聪五年(1631年),始设礼部,掌祀典、庆典、军礼、丧礼、接待外宾、科举、铸印等政务。顺治元年(1644年),置尚书、侍郎各官。礼部并不是专管外交事务的机构,其下属一些涉外机关如主客清吏司、会同四译馆等才是专门的外交机关。古代外交在整个政治生活中的地位不如今天重要,因此外交事务只是作为礼部的兼职。

礼部下属主客司的职能是:"掌宾礼,凡四夷朝贡之仪,封册之命,饩赐予之数,高下之等,悉隶焉。"(《清通典》职官三)主客司下面还设赏赐科、四译科、火房科等分掌官方礼赠、通事翻译、外国人食宿等事务。清代著名爱国诗人龚自珍担任过礼部主客司主事一职。

会同四译馆为会同、四译二馆合称。顺治元年(1644年),分设二馆。会同馆隶属礼部,以主客司主事提督之。四译馆隶属翰林院,受太常寺汉族少卿管辖。四译馆分设回回、缅甸、百夷、西番、高昌、西天、八百、暹罗八馆,以译远方朝贡文字。还置序班二十人,朝鲜通事官六人。十四年,置员外郎品级通事一人,掌会同馆印。乾隆十三年(1748),

省四译馆入礼部，更名"会同四译"馆，改八馆为二，一为西域馆，一为百夷馆。各馆馆卿负责招待外国使节，教习中国礼节，安排在东江米巷（后称东交民巷）下榻，提供所需器用、饮食、柴炭等，凡外交开支都造册送主客司咨户部核销。清朝"属国"贡使都能遵循"天朝"礼规，西洋各国，除荷兰外都不愿向中国皇帝或帝位行三跪九叩礼。馆卿的责任还有：为那些愿意接受清朝礼规的使书引见"龙颜"。皇帝一般要接见守礼节、持正式国书的外国使臣，馆卿则安排在礼部赐宴，在午门外赐赏。

西域、百夷二馆是翻译文书、培养译员的单位，是清朝前期的"外语学校"，学生很少，以序班为教员。

3. 鸿胪寺

鸿胪，古为九卿之一，是主管外国事务和少数民族事务的官职。清仍设鸿胪，但其职能多为理藩院及礼部主客司所取代，变成专掌替襄礼仪之官，近似于今之礼宾司。顺治元年（1644年），始设鸿胪，一应事宜，皆由礼部掌行。十六年，改由本寺自行办理。鸿胪卿初制，满族官员从三品，汉族官员为正四品，顺治十六年并定正四品。十八年复改归礼部。康熙十年（1671年）又改归本寺。雍正四年（1726年）复归礼部统辖。

■ 后清外交机关的演变

中国封建专制时期的政治制度，有一个由慕僚体制逐渐转为国家机关的大致趋势。外事体制的发展，也有这样一个趋势。中国有"礼义之邦"的美称。早在商朝，就设有宾官，周朝重礼，设春官，专管外交——周室与畿外诸侯及华夏外诸夷的交往。春秋战国时，各诸侯国外交斗争激烈，外交上的成败，决定诸侯国的存亡，因而各国多由相卿亲自主持外交。秦汉时期中国统一，周邻多数地区尚处在文明前期，外交事务在整个国家的政治生活中所占的地位并不突出,掌握具体对外事务的,多为一些中级官员,由礼部下属主客司主持,清朝前二百多年,亦是如此。古代文明的光荣历史,成为中国封建统治者轻视"荒外四夷"的资本,久而久之,就变得盲目自大,闭关自守,甚至自欺欺人。明清两代,中国渐渐落后于后起的西方资本主义国家,这种落后状态表现之一就是外交制度上的不合理性。列强自鸦片战争后,强迫清朝接受西方外交制度和他们认为合理的国际关系原则,清朝不得不迎合西人,改革了外交体制,设立了专门处理外务且高于一般部门的外交机构。表面上看,这似乎是一种"进步",而实质上是对列强的妥协。下面就清季外交决策到执行的整个体系及其演变简要概括之。

1. 皇帝和军机处在外交中的决定影响

中国的君主制度始于四千多年前的夏期。君主制度的完善,则始于秦始皇创立皇帝制度。皇帝是集中的象征,"天下大事无大小皆决于上"(《史记·秦始皇本纪》)。孟子曾不现实地说过:"民为贵,君为轻"。而封建社会二千多年的实践是:君要臣死,臣不敢不死;君要选美色,可以禁止人民结婚(见《晋书·武帝纪》)。皇权利益,高于国家和民族利益。尽管皇帝在显示其权力时可以说:"朕即国家",但"朕"在保位和保国的重大选择上,是会把"朕"的利益放在首要地位的。"朕"的利益,受到封建君主制度的保护。

皇帝至高无上的权力决定了他在内政外交上的最高决策权。包括"一人之下,万人之上"的丞相(或相当于丞相的职官)在内的所有职官,都是皇帝的役仆。清代协助皇帝作出对外决策的重要机构有军机处等。由此不难看出,后清七十余年屈辱的中国外交,首恶者为腐朽的专制封建制度,实则为外交最高决策者——皇帝(包括此间听政的皇后、摄政王等)及其主要决策参谋,其次才是执行对外政策的外交机关如总理衙门和外务部。仅仅指责外交机关卖国求荣,等于为最高决策者开脱责任。当然,外交上成功之举,也与皇帝的某些正确决策分不开。

　　清朝(前后清皆然)对外政策都是由朝廷亲自制定的。皇帝是拍板人,帝谕是外交政策的宣言。顺治帝说"海氛未靖",朝廷则制定一套严格的禁海政策措施;康熙帝先认为"海外平定",诏开海禁,沿海数港一度开放,后又担心西人渗透,复命限制开放,尼布楚谈判前,康熙帝对索额图交待:"今后尼布潮为界,则鄂罗斯遣使贸易,无栖托之所,势难相通,尔等初议时,仍当以尼布潮为界。彼使者若恳求尼布潮,可即以额尔古纳河为界,并调黑龙江兵一千五百人往会之。"(《清圣祖实录》卷140)清朝限制外国传教士的传教活动,是因为皇帝认为万一中国人都信奉基督教,则臣民们服从教堂而不认皇权。雍正帝对传教士说,如果允其传教,则"教民惟尔等之命是从"。乾隆帝说过"天朝物产丰盈,无所不有,原不假外夷货物以通有无"。清廷遂颁布了一系列限制贸易的对外政策。嘉庆帝宣布,因"来使于中国,礼仪不能谙习,重劳唇舌,非所乐闻",且"天朝不宝远物,凡尔国奇巧之器,亦不视为珍宝",外国"毋庸遣使远来"。故清朝前期始终没有让西方外交官常驻北京。皇帝(皇太后)作为最高外交决策权威的状况,在后清70年没有发生任何变化。

　　作为"内阁之分局"的军机处是皇帝制定对外政策的主要参谋机构。军机大臣,掌军国大政,以赞机务。军机处原非正式机关,是一临时性机构,始设于雍正年间(《清史稿·军政大臣年表》),目的在于加强军务。自乾隆以后,军机处职权日趋发展,以致军政外交无所不包,是清朝实

▲ 雍正帝像

质上的内阁，有如"唐宋之枢密"（《枢垣记略·序》），故"军机者，宰相之职，天下事无所不综"（《光绪会典事例》卷524）。军机大臣，无定员，均由内阁满、汉大学士、各部尚书、侍郎特旨召入。军机处长官或称"大臣"，或称"行走"，具体参与外事政策的制定活动的方面包括：

对外声明的拟定，军机处的具体任务之一是"掌书谕旨"（《大清会典》卷3）。皇帝的对外政策态度，往往是通过对外国君王的"敕谕"（即国书），或对下臣的降旨中表现出来的。皇帝的谕旨，均由军机大臣承皇帝之意，拟订呈阅，皇帝阅定后，或遣使送往国外，或公开宣示，清朝皇帝写给英、俄等国君王的信，如《乾隆致英王敕谕》《康熙致察罕汗（沙皇）敕谕》，尽出自军机大臣之手，并非皇帝亲笔，但这些都必须是皇帝的思想。可以想见，对外声明的订稿是军机大臣与皇帝讨论后定稿发布的。

直接参加外交活动。外交与军事是密切相关的。对本国军事实力的了解莫过于掌握首要机密的军机处。了解军事实力的人最能把握外交态度的分寸，因而晚清当了二十多年军机处行走的奕訢和李鸿章长期共掌外交事务，对近代中国外交，起了一定的作用。故《清史稿》曰："十年（咸丰十年），定中俄续约，以军机处及本院典外交文移。"咸丰十年（1860年）以前的外交事务，皆由各省巡抚奏报、汇总于军机处。据《清会典》记载，军机处在"外蕃朝贡"时，还负责拟进"赏赐"物品单等。

2. 五口通商大臣

第一次鸦片战争后，主持与外国谈判订约的钦差大臣，是一个临时性的兼职。《南京条约》签订后，清廷被迫开放五个港口，负责五口对外商务的"五口通商大臣"开始是钦差大臣的兼职。早期代表清朝签订《南京条约》的是两江总督耆英。他的职责远远超过以前主掌外事的理藩院和礼部主客司。耆英由于和议"有功",遂成为主办"夷务"（外交事务）的全权大臣,任两江总督,该职为清朝外交的实际掌权者。1844年,耆英调任两广总督,按例兼任钦差大臣,上谕："耆英现已调任两广总督,各省通商善后事宜,均交该督办理。"两广总督就成为五口通商大臣的兼职。清朝政府一直坚持不在北京同外国人谈判订约,因而派钦差大臣赴边口统领防务和外交。五口通商口大臣是总理衙门建立前的主要夷务官。

3. 总理各国事务衙门

第一次鸦片战争的结果之一是设立五口通商大臣,以应筹夷务。第二次鸦片战争,侵略者进一步用暴力迫使清政府建立中国亘古未有的专门外交机关——总理各国事务衙门,简称总理衙门,又称总署、译署。总理衙门的设立,是后清政治体制专业化的标志。

第二次鸦片战争结束,清朝政府签订了《北京条约》,而后设立总理各国事务衙门。该衙门的设立,清政府内政大权归军机处,一切涉外事务,尽归总理衙门,军机处从此不插手具体外交事务,但仍参与外交决策。

咸丰十年十二月,初设总理衙门时"命王（恭亲王奕䜣）与大学士桂良、侍郎文祥领其事"（参见《清史》卷222奕䜣传）。此后40年中（晚清共70年）,先后主持总理衙门事务的有崇纶、薛焕、崇厚、郭嵩焘、左宗棠、奕劻、曾纪泽、翁同龢、李鸿章、荣禄、那桐等等。总理衙门对外交及其他洋务活动无所不揽。这四十年中国一步一步走向半殖民地深渊,近代许多不平等条约都是这一阶段订立的,后人皆骂之为"卖国衙门",即使在当时,由于总理衙门权势越来越大,其他部门的官僚（其中不乏顽固保守,虚伪无知的腐儒）也时时攻击该衙门的"投降"政策。客观地看待当时历史,总理衙门确实是朝廷对外政策的一个主要工具。不过,总理衙门毕竟是中国向世界开的一扇窗户。经办洋务的官员，通过与洋人的交涉和走向世界（哪怕是观光、赔礼），对先进的资本主义欧美世界开始有所了解。中国近代第一次民主改革运动——"洋务运动"，就是提倡学习外国先进技术以抵制外国侵略（"师夷之长以制夷"）的进步运动。洋务派在中央的首领人物，就是总理衙门第一任"管理"奕䜣。奕䜣为筹建这个外交机构作出了不懈的努力，保守的满清贵族和老朽官僚看不惯奕䜣等人的开放举动，他们咒骂改革开放（尽管当时改革的程度有限），攻击改革派是"投降卖国""二鬼子"，这是反动和无知的表现。

然而，清廷迫于当时的国际压力，不得不成立了总理衙门这个机关，并且没有"酌情裁撤"。

4. 与总理衙门有关的外事机构

京师同文馆。这是学习外国语言和近代科学的学校，虽是不利形势下的产物，但比起只学八股诗书的蠢儒式教育仍算得上是一个进步。为筹建同文馆，革新派官员奕䜣、曾国藩、李鸿章、左宗棠、英桂、郭嵩焘等同无知的理学名儒倭仁、张盛藻等进行了长期的辩论。保守派认为"夷人，吾仇也""何必师事夷人？""立国之道，尚礼义不尚权谋；根国之图，在人心不在技艺"，坚决反对学习西方文化、科技。革新派据理力争，认为"采西学、制洋器，为自强之本"，讽刺保守派在英、法联军进逼北京时，"纷纷逃避"，不知救国的长久之策，指出外国在数十年前就深知中国，而中国对外却"一无所知，徒以道义空谈，纷争不已"。李鸿章批评保守派"无事则嗤外国之利器为奇技淫巧，认为不必学；有事则惊外国之利器变怪神奇，认为不能学"。最后，以奕䜣为首的革新派获胜。同治元年（1862年）五月，正式开办京师同文馆。

同文馆内设英、法、俄、德四馆，光绪二十二年（1896年）增设东文馆。除教习各国语言外，还开设了数学、天文、化学、物理、历史、地理、政法、医学等课。聘请洋人为教师。光绪二十四年，开办京师大学堂，同文馆就成了职业外语学校。同文馆学生人数，到光绪十三年（1887年）达到120人。这是中国近代外交人才的摇篮。除了充作清朝使臣随员，担任翻译外，至1888年即有担任驻欧各国使馆秘书的，1896年已有担任驻外总领事和代办的，1907年已有出使日、英、法、德的各一人。还有一些学生成为近代科学家和工程师。由于外国人操纵了同文馆的教习工作，一些贵族子弟毕业后成了买办政客。

海关总税务司。咸丰十一年（1861年）成立，其职权是"掌各海关征收税课之事"（《光绪会典》卷100）。名义上是总理衙门下属机构，并无明文规定统属责任，实际上它是一个独立的特殊机关。它自始至终被洋人直接控制，是中国丧失主权的一个很有说服力的证据。总税务司设立初，英国领事推荐李泰国担任总税务司。1863年，李泰国因诈骗而被清政府革职，而由英人赫德取代。

总理衙门下属这两个主要机构基本上都是由洋人主持。一方面，这是列强侵华的"胜利果实"；另一方面，这类事务，也的确是无能的清朝官僚所难以胜任的。

清朝地方性涉外机构——南、北洋通商大臣。总理衙门只是清朝中央的洋务及外交机关，而分掌部分外交权力的还有南、北洋通商大臣这两个高于一般级别的地方官员。南、北洋大臣各有自己的发展过程，最后发展成两江总督和直隶总督例兼的定制。

南洋通商大臣是五口通商大臣沿置下来的钦差大臣，初为两个总督兼任，咸丰八年改为两江总督兼任。南京条约签订后共有十六个被迫开放的港口，南洋通商大臣，负责东南沿海十三个通商事务，曾延用"五口通商大臣"的名称，同治四年（1865年）自两江总督李鸿章起，两江总督兼南洋大臣遂成定制，"掌中外交涉之总务，专辖上海入长江以上各口"。有时，也"兼理"闽、粤、浙三省的涉外通商事务。

北洋通商大臣初为三口通商大臣（三口为牛庄、天津、登州）。同治九年（1870年），改由直隶总督兼办并成为定制。其职掌，除统办直隶省交涉事务、三口通商事务外，还管北洋洋务、海防及全国性招商、各路电线等事务。

南、北洋大臣与总理衙门没有明确的隶属关系，二大臣在涉外工作中的"疑难之事"和"不决之事"，"请商"于总理衙门。电奏大事，由总理衙门代陈。作为中央外交机关的总理衙门，是南、北洋大臣的咨询顾问机构。这是清廷防止总理衙门机力过分庞大的一个措施，也是缓解保守势力同革新的洋务派之间深刻矛盾的一个策略。

第三节　清代的著名外交家

■ 不再退让的索额图

清康熙二十四年（1685年）五月，清军攻克被俄国军队侵占的雅克萨（位于今黑龙江省呼玛县漠河东黑龙江北岸俄罗斯境内阿尔巴津），并让俄国俘虏带去康熙帝致俄国沙皇的一封信，指出其兵士多次侵犯中国领土，建议双方派代表谈判解决边界争端。

康熙二十五年（1686年）八月，俄国沙皇派外交官尼基弗尔·文纽科夫等携其答书到达清都城北京（位于今北京市区），表示愿意和谈。

康熙二十七年（1688年）五月，领侍卫内大臣（主管警卫部队）

索额图奉命率领使团赴中俄边境谈判。行前，康熙帝对索额图说：黑龙江左右均系我鄂伦春、赫哲等族祖居之地，如不尽行收回，边疆的民众终究不会安宁。朕以为尼布楚（位于今俄罗斯涅尔琴斯克）、雅克萨、黑龙江及流入此江的一河一溪，都是我国的领土，丝毫不可放弃给俄罗斯。如俄罗斯人同意我的意旨，你可与之划定疆界，准其通使贸易。否则，你们速即返还，不要再与他们议和。

六月,索额图一行经归化城(位于今内蒙古呼和浩特市)北行。因蒙古部族内战,索额图一行受阻。康熙帝传令索额图等人返回京都,并通知俄方会谈因故推迟。

康熙二十八年(1689年)四月,俄国使臣洛吉诺夫来到北京,建议会谈地点放在尼布楚。康熙帝同意在尼布楚尽快与俄方举行双边会谈,并决定派索额图率团前往。

临行时,索额图请示康熙帝:是否按原来所说"尼布楚以内皆属我国"与之接谈?康熙帝答复说:若以尼布楚为界,俄国遣使贸易则无栖托之所,势必难以达成协议。你们开始与之谈判时,仍应坚持以尼布楚为界;俄国使者如果恳求尼布楚,可以额尔古纳河(位于今内蒙古自治区东北边境,与俄罗斯交界)为界。

清政府获悉俄方使团随带大批军人,决定给使团配随行官兵1400名,另有1500黑龙江官兵从水路前往尼布楚附近驻扎,并带上半年食品,以备不测。六月十五日,索额图率领外交使团抵达尼布楚。俄国谈判使臣戈洛文尚未到达,索额图当即向俄方致信敦促。

两天后,俄国信使卢托维诺夫携带戈洛文所写信件来到中国使团营地,说明俄国使团延误日期的原因,同时挑衅说:中国使团带来大批军人和物资,是不是要来打仗?又提出中国军队须退至额尔古纳河口,否则便不能举行谈判。对于俄方的无理指责,索额图一一给予驳斥。

七月六日,双方举行正式会谈。俄方代表固执争辩,称尼布楚、雅克萨是其先人开拓居住之地。索额图反驳说:"敖嫩河、尼布楚皆为我茂明安等部原居住地;雅克萨为我虞人(主管山川水流的官员)阿尔巴西部众原居住地。他们手无寸铁,因不堪忍受你国军士偷袭掠杀而内迁嫩江等地。由此,尼布楚、雅克萨被你国兵士占据。如今,你国如仍坚持强占我国领土,势必会引起军旅之争。"

九日,双方举行第二次会谈。索额图在重申中方原则立场后作了让步，称考虑俄方已经在尼布楚、雅克萨筑城，中方如将其全部收回，会给俄方边界贸易带来困难，可以将尼布楚划归俄方。俄方代表戈洛文态度傲慢，得寸进尺，在索额图作出让步之后，仍然提出无理要求。索额图针锋相对，毫不示弱，当即宣布中止与俄方交涉，并下令拆除帐篷，准备返回。谈判陷入僵局。经中方翻译葡萄牙传教士徐日升、法国传教士张诚等人斡旋，双方恢复谈判。

七月二十四日，双方达成协议，索额图代表清朝廷同俄方代表戈洛文签订《中俄尼布楚条约》。该条约规定：以格尔必齐河至外兴安岭至海为界，岭南属中国，岭北属俄国；外兴安岭与乌第河之间地带留待后议；以额尔古纳河为界，南岸属中国，北岸属俄国；尼布楚及其以西地区划属俄国；俄军撤出雅克萨，并拆除在额尔古纳河南岸的全部据点。

二十六日，索额图一行离开尼布楚，于九月六日返回北京。

■ 表现出色的托时

托时（？—1760年），佟佳氏，满洲正黄旗人。雍正初年，官至侍郎。

雍正初年，青海的和硕特蒙古罗卜藏丹津率都在青海叛乱，被清廷剿灭。罗卜藏丹津率领残部逃到厄鲁特蒙古准噶尔部，为准噶尔部的噶尔丹策零所收留。准噶尔部拒不肯交出叛党，并在俄国的支持下不断侵扰喀尔喀蒙古。雍正七年（1729年），清廷决定发兵征讨噶尔丹策零，并制定了南北两路夹攻的战斗方案。

准噶尔是明清时期我国西北地区厄鲁特蒙古四部之一。噶尔丹为首领时，准噶尔部称雄于蒙古诸部，横扫漠西漠北。早在康熙年间，在《中俄尼布楚条约》签订前后，噶尔丹在沙俄的支持下进犯喀尔喀蒙古，以追击喀尔喀蒙古土谢图汗和宗教领袖哲布尊丹巴为名，率大军进入内蒙古，并击败了前来迎战的清军统帅阿喇尼和常宁。噶尔丹挟其势向康熙帝的使者提出："圣上君南方，我掌北方。"以南北分治作为"讲信修好"的条件，公然要分裂中国。清王朝为维护国家统一，巩固清朝统治，康熙帝命令清军进行了艰苦卓绝的斗争，于二十九年（1690年）、三十五年（1696年）、三十六年（1697年）三次亲征朔漠，终于在昭莫多将准噶尔主力歼灭，噶尔丹亦穷蹙而死，终于平定了这次叛乱，被迫举族南迁的喀尔喀蒙古得以重返家园。雍正年间，准噶尔部噶尔丹策零继策妄阿拉布坦之后，再次称兵，妄图分裂中国，并继续对喀尔喀造成威胁，不断派兵骚扰。

彻底解决噶尔丹叛乱、解决边界隐患问题摆上了议事日程。雍正七年（1729年），雍正皇帝派大军开始向准噶尔发动进攻。为杜绝沙俄支持噶尔丹策零，并趁火打劫，侵扰边界，雍正皇帝决定派出使臣，一来要求俄罗斯保持中立，不插手干预，二来争取位于伏尔加河下游、与准噶尔部有世仇的土尔扈特部的支持。土尔扈特原为我国西北厄鲁特蒙古四部之一，原先游牧在天山地区，大约于明崇祯元年（1628年），土尔扈特部因受准噶尔部压迫，被迫远离故土，西迁至今俄国伏尔加河流域驻牧。该部虽然远离祖国，但与国内的联系从未中断。清初，土尔扈特曾不断遣使入贡。康熙五十一年，清政府曾派图理琛使团假道俄罗斯，慰问阿玉奇领导的土尔扈特部。中俄签订《恰克图条约》以来，满足了沙俄的贸易与领土要求，俄罗斯传教士及留学生不断进入中国，双边关系进入相对和平发展阶段。

雍正七年（1729年），恰逢沙皇彼得二世登极加冕，清政府以此为由特派以侍郎托时、满泰为首的代表团出使俄罗斯，一来以示庆贺，二来交涉准噶尔逃人等问题。

该使团成员有侍郎托时、梅勒章京满泰、梅勒章京达布什、梅勒章京阿思海、坦斯里公格齐旺、梅勒章京固鲁札布及随从武官仆役等近50人。

雍正七年，使团离京出发。途中历经艰辛，历时近一年，终于抵达俄罗斯首都彼得堡。托时使团在俄国受到隆重接待。此时，彼得二世已死，由安娜·伊凡诺夫娜女皇即位当政。

托时向俄罗斯朝廷提出：《恰克图条约》签订后，两国交好，商贸往来不断。现今中国正在攻打叛乱的准噶尔部，请俄罗斯在清朝进攻准噶尔的战争中严守中立，以保持双方的和平，并请俄方将逃入俄国境内的准噶尔逃人引渡给清政府。为满足俄罗斯人的贪欲，托时还根据朝廷指示，答应以准噶尔的一部分土地给予俄国作为报酬。

托时在谈判中有理、有利、有节，在莫斯科和彼得堡受到了俄国官员的好评。

此时，安娜·伊凡诺夫娜女皇刚当政不久，国内政情复杂，局面相当不稳定。加上俄国正准备参加波兰的王位战争，无暇顾及在远东的扩张。而且俄方刚刚和中国签订了《恰克图条约》，在边界上，把侵占我国北部蒙古地区的大片领土、贝加尔湖一带和唐努乌梁海以北的叶尼塞河上游地区都划入了俄国的版图，又使俄国取得了在北京贸易和传教的巨大权力，暂时满足了俄国在经济、政治、宗教等各方面的野心，不愿意和中国失和，导致影响俄国刚刚所取得的利益，所以安娜·伊凡诺夫娜女皇对托时的建议表示欢迎，并表示愿意与清政府商谈引渡问题。

托时使团在俄罗斯彼得堡和莫斯科的外事活动中，完成了雍正皇帝关于联俄中立的外交使命，得到了俄方严守中立的承诺，于是从莫斯科取道回国。

雍正九年（1731年），中国使团分两路离开莫斯科。一路由托时率领回国，另一路由满泰带领，经萨拉托夫前往土尔扈特营地。双方约定，在托博尔斯克会合。

此时，土尔扈特部阿玉奇汗已经去世，其子策凌敦多克汗即位。

阿玉奇逝世后，俄国对土尔扈特部落的控制日益加强，征兵、征税，剥削日重，而且堵塞了土尔扈特假道俄罗斯与清朝的联系。尽管如此，策凌敦多克仍排除重重困难，多次遣使回到祖国，曾于1730年初，派遣那木卡格龙、达尔罕格楚尔为使团向清朝雍正帝请安，并呈递奏书和敬献礼品，并再次表明不自认为俄罗斯帝国之臣民，表达了渴望回归祖国的愿望，清政府也认定土尔扈特部落为蒙古所属的民族之一。

满泰使团的使命主要是对策凌敦多克使团回访，并对土尔扈特部慰问，同时联合土尔扈特共同对付准噶尔。

该使团于1731年2月29日抵萨拉托夫，5月7日到达土尔扈特部落牧地附近，策凌敦多克盛宴接待祖国的使团，跪接了雍正皇帝的谕旨，表示愿意效命朝廷。

5月24日满泰使团启程返国。1731年11月，满泰一路与托时在伏尔加河西岸的托博尔斯克会合，次年2月经恰克图回国。

托时完成了出使目的，受到雍正皇帝大加赞赏。

雍正九年、十年，清军与准噶尔军进行了和通淖尔与额尔德尼昭两次大战。由于托时使团的积极活动，俄罗斯在这场战争中收敛了自己的侵略野心，始终保持中立，清政府得以剿灭准噶尔部噶尔丹策零的残余部众，消除了喀尔喀蒙古的外部威胁，为维护多民族团结的统一国家作出了贡献。

托时使团出使俄罗斯，为清朝政府平定叛乱，维护国家领土完整和国家统一创造了客观条件。

托时的这次出使虽然达到了联俄抗击准噶尔部的目的，使准噶尔部的叛乱暂时得到缓解，但清政府彻底平息准噶尔部的叛乱一直延续到乾隆时期。乾隆二十年、二十二年，清军两次进军伊犁，先征达瓦齐，后征阿睦尔撒纳，使达瓦齐被俘，阿睦尔撒纳兵败走死俄国。经历康雍乾三帝，历时约七十年的平准斗争才终于大功告成。

清代贡使的觐见礼仪

在清代,外国贡使觐见皇帝大约有以下几种规定。

(1)随班觐见

遇大朝(三大节)和常朝(每月逢五日)时,贡使随班觐见,"如值大朝、常朝,序班引贡使等列西班末,听赞行礼如仪。"

在清朝,每逢皇帝登极、大婚,每年元旦、冬至、万寿节(皇帝的生日)等都要在太和殿举行朝贺典礼。文武百官按级别在太和殿内外行礼。每月逢五的常朝,文武百官同样在太和殿行礼。贡使在京,如恭遇万寿圣节、元旦、冬至三大节,应与中国朝臣一同上殿朝贺。如果赶上常朝时期,也允许贡使前往太和殿入班行礼。

外国贡使的随班觐见,安排在国内百官朝贺完毕之后。礼部事先派人把贡使接引至贞度门等候,一俟王公百官朝贺完毕,序班随即引领贡使及其从官身着该国朝服,前往太和广场丹墀西班末站立,"外国陪臣立位随西班末,拜位亦如之"。此时丹陛乐作,奏治平之章,其辞曰:"我清世德,作求若天行。天尽所覆皆我清,万方悦喜来享庭。曰予一人,业业兢兢。"按照鸣赞的口令,贡使音乐声中行三跪九叩礼。礼毕,皇帝赐坐、赐茶。

(2)便殿召见

不遇大朝和常朝时,由礼部奏请在便殿召见贡使。便殿召见贡使的礼仪分为一般礼仪和"优礼"两种。如果为寻常身份贡使,大多以一般礼仪召见。朝鲜、琉球、安南来华贡使身份有"称君者"或者是国王兄弟、世子,都以优礼召见。

(3)贡使道旁观瞻

贡使至京后,如果恭遇圣驾至圆明园或前往南苑等处,则命令贡使在道旁瞻觐，"恭遇皇帝出入，带使臣瞻仰天颜，并迎送圣驾。"这些瞻觐天颜的地方包括午门、西华门、东华门和神武门等紫禁城四门以及其他皇帝出入的地方。

关于道旁观瞻的例子非常多。仅以缅甸使者为例：乾隆五十五年，缅甸国大头目便居也控等三人，在西苑门外瞻觐；嘉庆十六年，缅甸国使臣孟斡在神武门外瞻觐；道光三年，缅甸国使臣聂缪蟒腊等五人在神武门外瞻觐；道光十三年，缅甸国使臣每麻牙在午门外瞻觐；光绪元年，缅甸国纳贡使臣直也驮纪们腊们甸沮阿素在神武门瞻觐；光绪元年，朝鲜正、副使，缅甸国正、副使跪迎圣驾，在东岳庙外瞻觐。

图片授权

全景网

壹图网

中华图片库

林静文化摄影部

敬 启

本书图片的编选，参阅了一些网站和公共图库。由于联系上的困难，我们与部分入选图片的作者未能取得联系，谨致深深的歉意。敬请图片原作者见到本书后，及时与我们联系，以便我们按国家有关规定支付稿酬并赠送样书。

联系邮箱：932389463@qq.com

参考书目

1. 郑樑生. 明代中日关系史研究. 台北：台湾文史哲出版社，1985.
2. 张维华. 明清之际中西关系简史. 济南：齐鲁书社，1987.
3. 马大正主编. 中国古代边疆政策研究. 北京：中国社会科学出版社，1990.
4. 蔡鸿生. 俄罗斯馆纪事. 广东：广东人民出版社，1994.
5. 茅海建. 天朝的崩溃. 北京：三联书店，1995.
6. 邓瑞本、章深. 广州外贸史. 广州：广东高等教育出版社，1996.
7. 张维华、孙西. 清前期中俄关系. 济南：山东教育出版社，1997.
8. 李无未. 中国历代宾礼. 北京：北京图书馆出版社，1998.
9. 黎虎. 汉唐外交制度史. 兰州：兰州大学出版社，1998.
10. 刘再复、林岗. 传统与中国人. 合肥：安徽文艺出版社，1999.
11. 郑学檬主编. 中国赋役制度史. 上海：上海人民出版社，2000.
12. 马大正主编. 中国边疆经略史. 郑州：中州古籍出版社，2000.
13. 何慈毅. 明清时期琉球日本关系史. 南京：江苏古籍出版社，2000.
14. 邹昌林. 中国礼文化. 北京：社会科学文献出版社，2000.
15. 郭振铎、张笑梅主编. 越南通史. 北京：中国人民大学出版社，2001.
16. 杨志刚. 中国礼仪制度研究. 上海：华东师范大学出版社，2001.
17. 陈戍国. 中国礼制史·宋辽夏金卷. 长沙：湖南教育出版社，2001.

中国传统民俗文化丛书

一、古代人物系列（13本）
1. 中国古代乞丐
2. 中国古代道士
3. 中国古代名帝
4. 中国古代名将
5. 中国古代名相
6. 中国古代文人
7. 中国古代高僧
8. 中国古代太监
9. 中国古代侠士
10. 中国古代幕僚
11. 中国古代皇后
12. 中国古代士人
13. 中国古代华侨

二、古代民俗系列（10本）
1. 中国古代民俗
2. 中国古代玩具
3. 中国古代服饰
4. 中国古代丧葬
5. 中国古代节日
6. 中国古代面具
7. 中国古代祭祀
8. 中国古代剪纸
9. 中国古代鞋帽
10. 中国古代生肖文化

三、古代收藏系列（16本）
1. 中国古代金银器
2. 中国古代漆器
3. 中国古代藏书
4. 中国古代石雕
5. 中国古代雕刻
6. 中国古代书法
7. 中国古代木雕
8. 中国古代玉器
9. 中国古代青铜器
10. 中国古代瓷器
11. 中国古代钱币
12. 中国古代酒具
13. 中国古代家具
14. 中国古代陶器
15. 中国古代年画
16. 中国古代砖雕

四、古代建筑系列（12本）
1. 中国古代建筑
2. 中国古代城墙
3. 中国古代陵墓
4. 中国古代砖瓦
5. 中国古代桥梁
6. 中国古塔
7. 中国古镇
8. 中国古代楼阁
9. 中国古都
10. 中国古代长城
11. 中国古代宫殿
12. 中国古代寺庙

五、古代科学技术系列（15本）
1. 中国古代科技
2. 中国古代农业
3. 中国古代水利
4. 中国古代医学
5. 中国古代版画
6. 中国古代养殖
7. 中国古代船舶
8. 中国古代兵器
9. 中国古代纺织与印染
10. 中国古代农具
11. 中国古代园艺
12. 中国古代天文历法
13. 中国古代印刷
14. 中国古代地理
15. 中国古代地方志

六、古代政治经济制度系列（16本）
1. 中国古代经济
2. 中国古代科举

3. 中国古代邮驿
4. 中国古代赋税
5. 中国古代关隘
6. 中国古代交通
7. 中国古代商号
8. 中国古代官制
9. 中国古代航海
10. 中国古代贸易
11. 中国古代军队
12. 中国古代法律
13. 中国古代战争
14. 中国古代衙门
15. 中国古代外交
16. 中国古代盐文化

七、古代文化系列（26本）

1. 中国古代婚姻
2. 中国古代武术
3. 中国古代城市
4. 中国古代教育
5. 中国古代家训
6. 中国古代书院
7. 中国古代典籍
8. 中国古代石窟
9. 中国古代战场
10. 中国古代礼仪
11. 中国古村落
12. 中国古代体育
13. 中国古代姓氏
14. 中国古代文房四宝
15. 中国古代饮食
16. 中国古代娱乐
17. 中国古代兵书
18. 中国古代哲学
19. 中国古代宗祠
20. 中国古代奇案
21. 中国古代旅游
22. 中国古代家风
23. 中国古代地名
24. 中国古代家谱与年谱
25. 中国古代名字与别号
26. 中国古代墓志铭

八、古代艺术系列（12本）

1. 中国古代艺术
2. 中国古代戏曲
3. 中国古代绘画
4. 中国古代音乐
5. 中国古代文学
6. 中国古代乐器
7. 中国古代刺绣
8. 中国古代碑刻
9. 中国古代舞蹈
10. 中国古代篆刻
11. 中国古代杂技
12. 中国古代民间工艺